あしたの風

Peace begins with a smile

本書は、1995年4月発行の『あしたの風』
（ペンネーム大瀧光平著、神奈川新聞社）を加筆したものです。

はじめに

今から二〇年ほど前のことです。不思議な出来事がありました…。

一九九四年、フランスの宝飾会社カルティエＪのギイ・レマリー社長からプライベートブランドのデザイン依頼を受けた時のことです。オーダーの課題は「和の文化」でした。

さっそくスケッチを始めた私です。モデルはわが家のアヒル、グローリーの羽根になりました。彼女の羽根をテーブルに置き、風にそよぐフォルムを描いていたところ、ノスタルジックな世界に誘われていくのです。それは、時代から消えゆく伝統美への郷愁でした。


私たちは心にタイム・マシンを持っています。懐かしい過去を訪ねるには「思い出」に、そして新しい未来へ行くなら「夢」に乗り、過去や未来を自由に旅をすることができます。

もしも私たちが明るい未来を探す時、きっと過去の歴史が何かを教えてくれるはずです。

この本は、懐かしくも新しい茶の湯を訪ね、明日への希望に巡り合う夢の物語です。


どうぞ本書を心の友として、貴方のそばに置いていただければ幸いです。

Cartier

この本には、夢がいっぱいです…。

『あしたの風』は、日本の伝統文化を根底に「花鳥風月」の四つの小箱に納めました。
「花の編」では、茶の湯をテーマに、悠久のルーツを訪ねて伝説を語っています。
「鳥の編」では、陰陽五行をテーマに、謎多き九次元世界の神話を語っています。
「風の編」では、感性をテーマに美しい礼節や品格、自愛について語っています。
「月の編」では、愛をテーマに生きる喜びと人生のロマンについて語っています。
各編には、世界の教訓を伝えるエピソードを添え、心あたたまる一冊にまとめました。

それではご一緒に「温故知新」の旅に出かけてみましょう。
私たちが忘れかけた美しい伝統文化の世界に、ご案内いたします。

花鳥風月

The Flower

目次

はじめに

第Ⅰ章　花の編

一　お茶の起源……3
(1)お茶の伝説を訪ねる（四八〇〇年の物語）……5
(2)日本に息づく幻の茶道（悠久の中国文化）……12
(3)お茶と自由の女神（アメリカの珈琲文化）……14
(4)お茶の日本伝来（仏教の献茶式）……16
(5)日本茶道の原点（禅院の四頭茶礼）……20
(6)茶道の始まり（愛と美を求めて）……22
(7)隠れたる大茶人（一休さんの茶禅一味）……24
(8)千利休の愁い（茶の湯に末法を見る）……26
(9)四十七流派の茶道宗家（禅宗・武家・千家）……30
(10)歴史の光と影（菊を見て、菊を見ず）……33

二　良寛さんと遊ぶ……41
(1)　和敬清寂と遊（楽しさを極める）……42
三　お茶のこころ……47
(1)　おらが春（幸せは、お金で買えません）……48
(2)　序破急の舞い（お点前は蝶のように）……51
(3)　余白の美（書はこころの発露）……53
(4)　マザー・テレサの運命論（幸せは微笑みから）……56

The Bird

第Ⅱ章　鳥の編

一　陰陽の世界……61

(1) 太陽と太陰（仲むつまじく暮す）……62
(2) お月さまの語らい（不思議なエネルギー）……64
(3) 自然という名の神さま（治癒力のプレゼント）……69
(4) 合掌の祈り（神仏との和合の印）……72
(5) オーラを見る（美しい生命エネルギー）……74
(6) 夢幻のいたずら（金縛りや幽霊は迷信です）……82

二　陰陽五行の世界……87

(1) 陰陽師は軍師（戦わずして勝ちを得る）……90
(2) 曼荼羅の風景（愛と平和の絵図）……92

三　神秘な気の世界……96

(1) 天空の気（太陽と九人の子どもたち）……98
(2) 大地の気（月は地球の愛しい娘）……100
(3) 人体の気（遺伝子のメッセージ）……102

(4) 田中元首相と屋根裏（神事の飾り付け）……109
(5) 霊魂の否定説（お釈迦さまの伝道）……112
(6) 茶室の宇宙（星のメリーゴーランド）……116

四　お茶の薬効……121
(1) 皇帝御用達の薬（六グラムの幸せ）……122
(2) 万病の妙薬（恋の病には無力です）……127
(3) 病は天使のシグナル（自然に守られて）……130

五　陰陽五行の実証……134
(1) 帝　王…国家の経営……135
(2) 建　都…空海と天海の都づくり……138
(3) 秘　法…風水占いの誕生……140
(4) 世　界…国旗に込められた愛と平和……144
(5) 能　楽…秘すれば花……150
(6) 茶　道…帛紗さばきの極意……154

The Wind

第Ⅲ章　風の編

一　日本人の美しい礼節……161

(1)　上座はどちら？（日本式と欧米式は正反対）……164

【礼儀作法の混乱】

(2)　作法と礼儀（マナーとエチケット）……169

【御三家の作法】

(3)　正座の起こり（起源は茶道ではありません）……174

(4)　日本作法のルーツ（皇家礼法に始まります）……176

(5)　日本文化はどこへ？（伝統礼法の迷走）……178

(6)　一期一会（ひと時に永遠を見る）……180

(7)　知性と品格（愛と自由に生きた与謝野晶子）……183

(8)　和食の文化（御御御付と呼ばれる御馳走）……189

【一汁一菜の美食】

二　茶道に作法は無し……194

(1)　剣術に構え無し（宮本武蔵の五輪書）……198

三　国際派の流儀……200
(1) 教えは学びの道（花となりなさい）……202
(2) 孔子の道しるべ（能楽と論語）……207
(3) 王道の心得（四つの条件）……209
(4) 観世流の教え（初心を忘るべからず）……212
(5) 冬は必ず訪れる（アインシュタインの願い）……214
四　香りと花の美徳……218
(1) 一休さんの香十徳（香りは禅にあり）……221
(2) 妖美な香り（第六感性の目覚め）……224
(3) アロマテラピーの世界（植物たちのオシャベリ）……226
(4) 良寛さんの花と蝶（モネの愛した睡蓮と風）……231

The Moon

第Ⅳ章　月の編

一　アートセラピーの世界……239
二　美しい老い……244
(1) 晩節の美学（未完成の美）……245
(2) 記憶と忘却（想い出は愛の産物）……248
(3) 心地よい『空』の世界（とらわれない心）……251
(4) 春のお迎え（人々に愛されて）……257
三　第六感性の目覚め……259
(1) 若者のフリーズ現象（なぜ人は切れるの？）……262
【子どもたちに翼を】
(2) 一休さんの遺言（大丈夫だよ）……269
(3) 性善説の証明（天使に恋をする）……273
(4) 風のささやき（いつも、いつまでも）……275
おわりに
著者の紹介
海外からの賛美

The Flower

第Ⅰ章．花の編

Those who love flowers　She loves in return

私は、恋に落ちました…。

花は「心の恋人」です。私たちが幸せな時も、また悲しんでいる時も、花はいつも私たちのそばにいて、やさしく心を支えてくれます。

遠い昔から、花は人々の心のよりどころとして、生活の中で仲良く一緒に暮らしてきました。

そして私たち日本人は、花の散りゆく姿に涙を流す心やさしい民族となったのです。

はかない花の生涯が、私たちの生きる姿と重なり合うのですね。

可憐に生きぬく花への哀愁に、一期一会の尊さを知らされます。

この『花の編』では、古来、日本人が大切に守り続けてきた茶道の伝統美を訪ねます。

一、お茶の起源

お茶といえば「千利休」の名前がすぐに浮かびます。しかし、お茶の歴史はさらに悠久の昔へとさかのぼります。そのはるか、いにしえのルーツをたどることにいたします。

日本の文化を代表するものに「お茶の世界」があります。ところが、現代の日常ではその風流なお茶に出会うことが少なくなってきました。お茶は多くの人々に知られているようで意外に知られていない、なんともミステリアスな世界です。長い歴史をもったお茶とは、いったいどのように私たちの暮らしにかかわってきたのでしょうか。

お茶を毎日の生活の中で楽しんでいるのは、私たち日本人だけではありません。世界では、さまざまなお茶が飲まれています。お隣の中国では、約四八〇〇年の大昔からお茶を愛飲しています。よく知られる「中国茶」です。またイギリスでは、十七世紀にインド北東部のアッサム地方でお茶の美味しさに出会い、アッサムティーで午後のティータイムを楽しむ風習が、今も残っています。このお茶が「紅茶」です。

世界各地で、いろいろなスタイルで飲まれているお茶ですが、日本茶・中国茶・紅茶の原料は、すべて同じ種類のお茶の木から作られていることを、ご存知でしたか。

お茶の木は、ツバキ科の常緑樹で学術名は「カメリア・シネンシス＝Camelia Sinensis」といいます。その木の葉を摘み、茶葉に含まれる酵素の発酵度合により、お茶の種類がわかれていきます。発酵の順にご説明すると、全発酵が「紅茶」です。半発酵が「中国茶」です。そして不発酵のお茶が「日本茶」となります。

最近の研究によると、日本茶の緑茶成分に含まれる「テアニン」には、脳の活性と副交感神経を刺激する、リラックス効果があるといわれています。リラックスしている時に見られるアルファ波が多く現れることを報告しています。

このテアニンは、うまみ成分で知られる「グルタミン酸」と化学構造がとてもよく似ています。ですから、美味しいお茶ほどテアニンの含有量が多いことになります。

そもそも、日本茶を発酵させなかったことには理由があるそうです。それは、お茶がもつさわやかな「緑色」を守りたいという、日本人の美意識によるものだともいわれています。このように、先人の豊かな感性により、独特な茶の湯の文化が生まれているのです。

さてそこで、お茶を飲むという日常的な習慣を、芸術性や精神性まで追い求めていった日本の「茶の湯」とは、いったいどのように確立されていったのでしょう。その来歴をたどることにいたします。そのためには、中国のとても古いお話から始めなければなりません。

（1）お茶の伝説を訪ねる（四八〇〇年の物語）

大昔から世界の人々に愛され続けるお茶は、どのような物語をつづってきたのでしょうか。それでは、お茶が秘める心の故郷を訪ねることにいたしましょう。

お茶を語るには、中国の茶聖と慕われた「陸羽《りくう》」という人を忘れることはできません。

時は、今からおよそ一四〇〇年前の唐《とう》の時代にさかのぼります。日本でいえば奈良時代に当たります。中国の湖北省天門市に、お茶の聖人と人々から愛された陸羽（西暦七三三～八〇四年）がいました。お茶のバイブルともいわれる『茶経《ちゃきょう》』をまとめ、後の世にお茶の文化を広め大きな影響を与えています。

ところで、その陸羽はとても寂しい生い立ちをもつ人物です。三歳の頃に親から見捨てられたことから彼の人生が始まっています。捨てられた幼児を愛護し、親代わりに育てたのが競陵龍盖寺《けいりょうりゅうかいじ》の智積《ちせき》禅師です。陸羽という名付け親でもあります。

智積禅師は、お茶に大変詳しい高僧です。陸羽のお茶との出会いは、ここに原点があります。

当時、中国の寺院では「茶会」の習わしがすでにありました。その茶会の用意を一手に任されていたのが、幼少の陸羽でした。

やがて師弟の二人に別れの時が訪れます。熱心に仏教を教える智積禅師でしたが、陸羽は仏教もさることながら儒教の教えにも憧れ、十二歳の若さで寺院を離れ一人放浪の生活を始めます。

旅を続ける中で、陸羽に幸運なチャンスが訪れます。それは李斉物《りさいぶつ》という地方長官との出会いです。李斉物は陸羽の才覚を見いだし、七年間の援助に加え火門山《かもんさん》の鄒夫子《すうふし》の所で儒教の勉強をさせました。陸羽が名高い知識人として、またお茶の専門家になれたのも、李斉物の温かな支援によるものでした。

その後、陸羽は各地のお茶の名人と親交を深め、その間に収集した三十二州にもおよぶ、お茶の産地の資料を、五年の歳月を掛けてまとめています。そして、七六五年頃に世界初のお茶の専門書である『茶経』を世に出しました。やがて陸羽の教えは、豊かなお茶の文化として中国の人々から愛され、彼は七十二歳の生涯を閉じました。今は湖州市の杼山で静かに眠っています。

唐の時代には、一〇〇〇頭の名馬と『茶経』の本を交換してほしいと申し出があったほど、彼の書は貴重な文献として扱われています。その茶経は十巻に詳しくまとめられています。

（一の源）…茶木の植物性や形態、また植栽にいたる自然環境やお茶の効用など。

（二の具）…茶葉の収穫に用いる道具や製茶に使う工具類など。

（三の造）…お茶の製造の仕方など。

（四の器）…お茶を煮たり点《た》てたりする時の道具類や茶碗など。

（五の煮）…水の選び方や水質の等級化、そしてお茶の入れ方など。

（六の飲）…多彩なお茶の飲み方とお茶への心得など。この巻に「抹茶《まっちゃ》」が登場しています。

（七の事）…お茶の歴史と唐時代までの喫茶風習など。

（八の出）…お茶の名産地の紹介や各地のお茶の特性など。

（九の略）…お茶を出す時のころあいや場所、また茶道具や製茶用具の省略など。

（十の図）…右記の内容の詳しい絵図など。


この陸羽の書によると、喫茶の起源は紀元前二七八〇年頃の「神農《しんのう》」という人物から始まると述べています。なんと今から約四八〇〇年前の中国には、すでに喫茶の習慣があったということです。

その神農がまとめた『食経』には「茶茗久服　令人有力悦志＝お茶をしばらく飲み続けると、体を強くして心を聡明にしてくれます」と書かれています。

また神農の『神農本草経』には「神農嘗百草　日遇七拾弐毒　得茶而解之＝私が百種類の草を

食べたら七十二種類に毒が認められ、お茶で解毒することができました」と書かれています。この記述から想像すると、当時のお茶は薬草としても扱われていたようです。

また近年の一九九六年、中国の雲南省で約二八〇ヘクタールの古いお茶の林が発見されました。その中のお茶の木2本の樹齢が、約二七〇〇年と二七五〇年だと認定されています。この雲南省のお茶の木が世界最古の茶木ではないかと、京都大学・生涯教育学では調査の報告をしています。

時代が近づき、中国周《しゅう》の時代になりますと、紀元前七五三年に政治家として活躍した周公《しゅうこう》が著した『爾雅《じが》』という辞書には「お茶《ちゃ》は、苦い菜なり」と、お茶の風味が紹介されています。

この時代には、まだ「茶」という文字が有りませんでした。お茶を表現する文字として、苦いという意味の『余』に草かんむりを付けた『荼』により苦い植物として表されています。現在、私たちが常用している「茶」という文字は、唐の時代の陸羽が誕生させました。その後、新字の「茶」に統一されています。

ところで、本質（心髄）を得るという仏教語の「曼荼羅《まんだら》」にも、この茶の一文字が中央に用いられています。つまり、これから本書で語るお茶の奥義を知ることにより、深遠な曼荼羅の宇宙観を見ることができるのです。

そして、紀元前五〇〇年頃の春秋時代に孔子が著した中国最古の詩集『詩経《しきょう》』にも、お茶の記述が残されています。このように太古の中国では、すでにお茶の文化が社会に浸透していたのです。

紀元が改まり、三国時代（西暦二二〇～二八〇年）の魏《ぎ》の時代を迎えると、皇后の父の張輯《ちょうしゅう》が著した『廣雅《こうが》』には、お茶のことがさらに詳しく述べられています。

この廣雅のお茶の内容は、陸羽の伝えるお茶の飲み方とほぼ同じように記述されています。すなわち、この三国時代の茶文化が、陸羽の『茶経』をまとめるうえで重要な参考資料になっていたと思われます。

やがて唐（六一八～九〇七年）の時代を迎えると、各地の禅院では喫茶の習慣が定着しています。第六代玄宗《げんそう》皇帝（七一二～七五六年）の頃には、長安の街に茶房（喫茶店）が現れるほど街中でお茶のブームが起きています。唐の封演の『封氏見聞記』には、茶道が人気を集めていた様子が、記述されています。そして「茶道」という言葉が、この見聞記に初めて登場しています。

このような時代の中で、陸羽は唐以前のお茶の情報を収集し、体系化しているのです。そして、お茶を飲む習慣に儒教の精神と道徳を取り込み、茶の湯の道を教えています。

その後、陸羽のお茶の教えは中国全土へと広まり、その功労により彼は現在でも茶聖として人々から尊ばれています。

茶経の『一の源』に「精行倹徳之人《ショウギョウケントクシジン》」という、陸羽がお茶の心得を語る一文があります。彼は「お茶を愛する理想の人とは、品行が良く倹約の徳をもつ人こそ、お茶にふさわしい人物です」と述べています。倹約とは、つつましやかな心という意味です。

安禄山《あんろくざん》の変により乱れた唐の時代の中で、三十代の若き陸羽は、人生のあり方や人々の幸せを、お茶に託して『茶経』に思いを残しているのです。

そして現在、本場の中国料理店に入ると、陸羽の教えの書が掲げられている風景を見かけることがあります。彼のお茶に対する真心が、今も静かに人々から愛され続けているようです。

やがて北宋《ほくそう》（一〇八二～一一三五年）の時代になると、お茶が盛んになり抹茶も流行していきます。その作法にもさまざまな変化が起こり、現代の竹割りの茶筅《ちゃせん》でお茶を点てることも、この北宋の時代に考案されています。人々は茶味の優劣を競い合うなどして、茶の湯を楽しんでいました。

北宋の第八代徽宗《きそう》皇帝も、自ら二十四種類ものお茶の情報を集め書物に残しています。それほど、北宋の社会ではお茶の文化が栄えていました。その中で、道教の影響を受けた禅宗徒たちによりお茶の作法が細かく儀式化されていくのです。北宋のお坊さんたちは、禅宗開祖のダルマ大師の祭壇に集まり一碗のお茶を献上し、その供えられたお茶を聖飲のように一同が回し飲みをしていました。この禅宗の儀式的なお茶の作法が、十五世紀の日本に渡ってきました。

中国茶の略歴をたどりますと、隋王朝の時代は約四十年という短さで、お茶の記録がほとんど残されていません。唐王朝の中期になると陸羽の茶経とともに、儒教や仏教、道教などのかかわりによりお茶が飛躍的に発展し、宋王朝に最盛期を迎えています。

やがて元王朝の時代になると、お茶は新しさを求める過渡期に入り、明王朝には「団茶廃止令」が発布されました。つまり今までのお茶の製法や飲茶方式が改革され、新しい「煎茶」の中国茶が生れてきます。

そして、明の喫茶様式を受け継いだ清王朝の時代に、現代の煎茶による中国茶が完成されています。

いつの世も新しい王政が誕生する時には、古い過去の規範をすべて否定することが、前提となります。過去の貴重な伝統文化は、この悲しい定めにより時代の波間に姿を消していきました。

当時の陸羽のお茶も、時の変遷とともに幻《まぼろし》のお茶となっていったのです…。

(2) 日本に息づく幻の茶道（悠久の中国文化）

お隣の中国は、まだ一〇三歳の若さです。

近代の中国は、長い君主制の時代から新しい共和制の国家に変わりました。よく中国四〇〇〇年の歴史と語られますが、現在の中国は近年に新しい姿の時代を迎えています。

現在、人口十三億五四〇〇万人ともいわれる巨大な中国は、漢民族や満州族、ウイグル族など五十六民族が集まる多民族国家です。各民族には歴史に育まれた、それぞれの美しい独自言語や、生活習慣があります。とても多彩な民族文化が複雑に折り重なり、一つの大きな中国という国家になっています。

今から約一〇〇年前の一九一一年、中国では大きな辛亥《しんがい》革命が起こりました。その事件により、清王朝十二代の宣統帝《せんとうてい》・溥儀《ふぎ》の王政文化は滅びました。世にいうラストエンペラー（最後の皇帝）です。そして現在、私たちが見る新しい共和制の中国が誕生しています。

中国四〇〇〇年の龍山《りゅうざん》王朝の文化系譜は、この清王朝に終焉《しゅうえん》を迎えているのです。そして新しい中国からは、当時栄えていた陸羽のお茶も少しずつ姿を消していきました。このような時の流れを経て、現在の中国では抹茶のお茶ではなく、茶葉を煎《せん》じる「煎茶」が大衆化しています。

誠に不思議なことですが、悠久の中国茶道に出会うには、本場の中国ではなく私たちの日本茶道を訪ねるほかに手立てがなくなりました。幻となった太古の中国文化が、なんと現代の日本の茶の湯の中に、脈々と生き続けているというわけです。

また、ヨーロッパに抹茶のお茶が伝わらなかった理由は、ヨーロッパの人たちが明朝末期の煎茶方式の中国茶に出会っているために、古い唐時代の抹茶のお茶には巡り合わなかったのです。

ところで近代の中国では「六大煎茶」が特に有名です。

中国の人々に愛されている煎茶は、発酵の度合いによって緑茶《りょくちゃ》・白茶《はくちゃ》・青茶《せいちゃ》・黒茶《こくちゃ》・黄茶《おうちゃ》・紅茶《こうちゃ》の六種のお茶に大別されています。

また、最近の中国では「花茶」も人気を集めています。

花茶には、乾燥させた花自体をお茶にするタイプと、花の香りをお茶に含ませるタイプの二種類があります。水中花のように見た目の美しさも楽しめるお茶です。茉莉花茶《じゃすみんちゃ》や吉慶一点紅《きっけいいってんこう》などが、代表的な花茶といわれています。

(3) お茶と自由の女神(アメリカの珈琲文化)

なぜでしょうか…? ヨーロッパでは紅茶が人気ですが、アメリカでは珈琲派が圧倒的です。

ヨーロッパの紅茶は中国紅茶が起源となります。インド紅茶はその後の時代となります。中国の宋の時代に現在の紅茶の原型が生まれています。そして十七世紀初頭にヨーロッパへと伝わっていきました。先ずはポルトガル宮廷で飲まれていたと中国の史録に残されています。そしてオランダ宮廷や貴族社会に広がり、やがてイギリス王室へと伝わりました。十七世紀後半にはヨーロッパ全域に紅茶は流行し、現在にいたるという来歴をもっています。

一方、珈琲の起源は若く、十五世紀末頃にエチオピア圏・アラブ圏の、キリスト教徒や回教徒の僧侶たちから生れたとの伝説があります。ヨーロッパに上陸したのは、一六六九年にトルコのモハメド四世がフランスのルイ十四世に、珈琲の礼法を披露したのが始まりだと伝えられています。

ところで、アメリカでは紅茶よりも珈琲文化が広まっています。その背景にはアメリカ植民地時代の一七七三年に勃発した「ボストン茶会事件」が大きく影響しているといわれています。

イギリスから紅茶を輸入する際に法外な関税が掛けられ、それに憤慨したアメリカ人が、東インド会社の茶箱をすべて海に投げ込んだという出来事がありました。その時、捨てられたお茶により海一面が真っ赤に染まったそうです。この事件を契機に、アメリカでは紅茶よりも珈琲文化が広まり、今では世界最大の珈琲消費国になっています。このような理由からアメリカン珈琲は、紅茶に近いローストの浅いソフトな薄味が特徴になっています。

この大きなボストン事件の三年後、アメリカ国民はついに独立の革命を起こしました。イギリス軍に激しく抗戦する中で、フランスの援助により勝利を得たアメリカは、一七八三年に合衆国として独立を果たしました。

ニューヨーク市マンハッタン南のリバティー島にそびえる「自由の女神像」は、フランス国民の募金によって贈られた、アメリカ国民への友好の証しです。正式名称は『世界を照らす自由』といいます。すべての弾圧や抑圧からの解放と、人類は皆自由で平等であることを象徴した美しいモニュメントです。女神の冠から放たれる七つの光には、七つの大陸と七つの海に、自由の広がる祈りが込められています。

自由の女神は現在も優美な姿で、世界の人々へ愛と平和を願い続けているのです。

アメリカが自由と独立を勝ちとる動因に、計らずもお茶が影響していたのですね。

(4) お茶の日本伝来(仏教の献茶式)

日本のお茶の物語は、今から約一四〇〇年前の大和の飛鳥時代にさかのぼります。

日本に喫茶の風習が入ってきたのは、西暦五三八年の仏教伝来当時と考えられています。前述のとおり、仏教とお茶との関係は、すでに僧侶の修行の慣習としてお茶の作法は、秩序化されていました。

史録に現れてくるのは、白鳳文化や天平文化が花開いた平城京の奈良時代(七一〇~七八四年)です。

奈良時代の国内は、疫病の流行や天地異変による飢饉、また役人同士の争いなどが続く混沌とした世の中でした。心を痛めていた聖武《しょうむ》天皇は、その対策に高さ16mもの巨大な大仏さまを建立し、仏教の力により不安な世の中を治めようとした時代でもあります。

奈良東大寺を創建した聖武天皇は、大仏造立の詔《みことのり》(天皇のお言葉)に「動植、ことごとく栄えんことを欲す」と述べられ、動物も植物も自然界すべてが栄えてほしいとの願いを込めて、奈良の大仏さまは造られています。

その天平文化を象徴する東大寺の正倉院には、当時の豊かな中国文化を取り入れようと、数多くの宝物や経巻などが集められ大切に保管されています。その中には、非常時に使う漢方薬が六十種類ほども納められています。その収蔵品の中に、初めてお茶の記録が登場します。

その古文書の『正倉院文書』には「お茶十五束」などの記載が残っています。

京都相国寺《しょうこくじ》の大典顕常《だいてんけんじょう》禅師が著した陸羽の茶経をもとにまとめた日本初の『茶経詳説』によると「七二九年、聖武天皇が宮中に僧侶一〇〇人を招き大般若経をあげ、後に文武百官に茶を賜った」との記述が残り、さらに「七四九年、孝謙《こうけん》天皇が東大寺に五〇〇〇人の僧侶を集め読経《どきょう》を唱え、その後に行茶《ぎょうちゃ》をおこなった」などと、多くのお茶の記録が散見できます。

室町時代の古典学者であった一条兼良《いちじょうかねよし》の『公事根源《くじこんげん》』には「七二九年四月八日、挽《ひ》き茶を僧から給う」と述べられ、同時期に行基《ぎょうき》禅師（六六八〜七四九年）の『東大寺要録』にも「行基が諸国四十九カ所に堂舎と茶木を植える」とあります。

都が京都へと移り平安時代を迎えると、桓武《かんむ》天皇は今でいう厚生労働省のようなお役所で、お茶の栽培を管理させています。それほど、お茶は貴重な薬剤として取り扱われていました。

八〇五年に天台宗開祖の伝教大師・最澄は、唐から持ち帰った茶の種を比叡山の坂本に植えたと

『日吉社神道秘密記』に記述されています。

翌八〇六年に帰朝した真言宗開祖の弘法大師・空海は、嵯峨天皇にお茶を献上したと『弘法大師年譜』には書き残されています。

そして、平安初期の藤原冬嗣《ふじわらのふゆつぐ》たちが編纂した『日本後紀』によると、「八一五年四月二十二日、嵯峨天皇に大僧都永忠《ずえいちゅう》が、近江の梵釈寺《ぼんしゃくじ》で茶を煎じて奉御す」と記述され、さらに同年六月に嵯峨天皇は、諸国に茶を植えて毎年献上するようにと命じています。

このように、日本では太古から天皇家や寺院において、お茶の儀礼が定着していたことをうかがわせます。しかし当時のお茶は、限られた皇族や僧侶の世界で温存され、世に広まることはありませんでした。


ところで、中国唐の時代のお茶の主流は団茶《だんちゃ》（餅茶《へいちゃ》）というものでした。陸羽の『茶経』にも、飲茶方法が詳しく述べられています。その書によれば、当時は茶葉を固めた団茶をあぶり、細かく粉末にして塩と一緒に湯釜に投じて茶碗に注ぎ飲んでいます。なんと「塩味」のするお茶でした。

北宋の時代になると、現代のように茶葉を石臼で挽きパウダー状の抹茶を作り、茶筅でお茶を点てるようになっています。お茶特有の茶筅用具が史録に登場するのは、一一〇七年の北宋徽宗皇帝の「大観茶論」です。その書には、老いた筋竹による茶筅の作り方が詳しく述べられています。

一般的に鎌倉時代の栄西禅師が、抹茶の点茶法を日本に伝えたと語られていますが、それを裏付ける資料は、残されていません。前に述べたように、一一六八年に栄西が宋へ渡る以前から、日本にはすでにお茶の文化がありました。

当時の禅宗寺院では、「茶礼《ちゃれい》」や「行茶《ぎょうちゃ》」としてお茶の作法が詳しく定められていたのです。

むしろ栄西の功績は、一二一一年に日本で最初の茶書『喫茶養生記』を書き残したことで、広く日本に喫茶文化を普及させたことにあります。栄西は、宋でお茶の薬効を深く習得し、喫茶養生記に茶薬の処方を伝えています。その時に持ち帰った江南種のお茶の種が各地に植えられ、日本全域にお茶が広まっていったのです。

(5) 日本茶道の原点（禅院の四頭茶礼《よつがしらちゃれい》）

驚くことに日本の茶道の原形が、現在でもしっかりと残っています。それが、古式に準じた禅宗式の「四頭茶礼」です。

この茶礼は、現在の日本茶道が成立する以前の儀式作法を伝え残す、大変に希少な文化遺産です。禅宗寺院でおこなわれるお茶の儀礼の中に、唐時代の立礼《りつれい》のお茶作法から、現在の畳の上でおこなう座礼《ざれい》のお茶作法へと変化する、過渡期の姿が見られます。室町時代に延暦寺の学僧玄慧法印《げんえほういん》がこの茶礼を詳しく述べた「喫茶往来」にのっとり、現在でもおこなわれている古式の茶法です。すなわち「日本茶道の原点」がここにあるのです。

四頭《よつがしら》は中国の禅寺でおこなう接客茶礼です。四人の正客《しょうきゃく》（頭《かしら》）が、各八人のお客さまを連れて席に入ります。広いお堂の中には大きな献香が中央に焚《た》かれ、堂内は茶室の大広間になっています。その周りを囲むように畳が敷かれ、三十六人の客人が一同に着座します。茶室の広間に座ったお客の前に、四人の供給僧が抹茶の粉の入った天目《てんもく》茶碗と菓子盆を配ります。

その僧侶たちの作法は片立て膝《ひざ》で座して、大変にきびきびと身をこなし、とても精悍《せいかん》な姿です。

続いて、給仕役の四人の僧侶たちが茶筅と浄瓶《じょうびん》を持って入堂し、順にお客の天目茶碗に湯を注ぎ、茶筅でお茶を点てるという約二十分間の流れです。中国の宋や元の時代には、広く禅宗寺院でおこなわれていた茶礼です。

禅は鎌倉時代に日本に入ってきました。その頃から禅院ではこの茶礼が始まっています。室町時代以降には盛んに用いられていた禅の作法です。この四頭茶礼は、寺院内の修道や行事、儀式などを規定した「清規作法」により、現代に継承されています。

一二〇二年、栄西が開山した建仁寺《けんにんじ》があります。このお寺には創建当初から伝わる「四頭茶礼」が存在しています。そして現在でも、建仁寺をはじめ円爾《えんに》が開山した京都東福寺《とうふくじ》や関山慧玄《かんざんえげん》が開山した京都妙心寺《みょうしんじ》、さらに鎌倉建長寺、鎌倉円覚寺、福岡聖福寺、桐生崇禅寺などでは、古式の茶礼が、おごそかに催されています。この古典作法が、現在の日本茶道の礎となり、徐々に点前作法が確立されていきました。

なお建仁寺では、毎年四月二十日の栄西降誕会《こうたんえ》で、一般の方でも古式日本茶道の源流の姿を拝見することができます。

(6) 茶道の始まり(愛と美を求めて)

八九四年、菅原道真《すがわらのみちざね》は内乱を続けている中国との国交を断絶し、遣唐使を廃止しています。それにより外国からの文化の流入は途絶え、日本独自の貴族文化が生まれていきました。

中国の漢文字に対して、仮名文字による「ひらがな」や「カタカナ」が考案されたのも、この時代になります。女性の豊かな感性から優れた文学が数多く執筆されています。その中でも世界最古の恋愛小説として名高い紫式部の『源氏物語』は、この時代の象徴的な大作です。平安時代の貴族たちは、唐の玄宗皇帝夫人である楊貴妃《ようきひ》の、美しくも悲しい生涯に心を奪われていたのでしょう。源氏物語にもその影響が随所にうかがえます。

このように中国から伝来した茶の湯は、幾多の変遷を経て日本独自の貴族文化が重なり、私たちの「茶の湯」が整っていきました。

時は流れ、初めは禅寺などで催されていた儀式的なお茶でしたが、やがて貴族や武家たちがお茶の儀礼を模倣するようになります。

当時のお茶のスタイルは、唐物《からもの》(中国伝来の道具)や高麗物《こうらいもの》(朝鮮伝来の道具)などの、高価な美術品を鑑賞しながらお茶を楽しむという、いかにも貴族的で豪華な茶の湯でした。

そして室町中期になると、足利将軍家の食事や茶事担当の職人（同朋衆《どうほうしゅう》）であった能阿弥《のうあみ》により、お茶の儀礼が初めて制定されています。その作法によって表面的ではありながらも、上流の武家社会へと華やかな茶の湯が伝わっていきました。


やがて内面的な心の美学を追求し、新しいお茶の姿を提唱していった人物が村田珠光《むらたじゅこう》です。

この室町時代には、第三代将軍の足利義満《よしみつ》が北山文化（貴族風と禅宗風の融和した風情）を象徴する、寝殿造りの金閣寺を建立しています。

その後、第八代将軍の義政《よしまさ》は東山文化の書院造りによる銀閣寺を建てています。この時代になると、茶室には欠かすことのできない「床の間」や「畳」などの様式が誕生しています。ちなみに、書院とは学問をおこなう場所を意味しています。茶の湯も、それまでは僧侶や上流貴族がおこなう特殊な世界でしたが、しだいに武家社会にも広まるようになっていきました。


日本の茶道の歴史を訪ねると、茶祖として村田珠光が筆頭に挙げられますが、その珠光にも立派な師匠の指導が有ればこその茶祖でもあります。

その影に隠れた偉大な師匠が、世に名高い禅僧の『一休さん』です。

(7) 隠れたる大茶人（一休さんの茶禅一味）

茶祖の村田珠光は、頓知和尚《とんちおしょう》で親しまれている大徳寺の一休宗純《いっきゅうそうじゅん》から、禅とお茶の指導を受けた僧侶です。「この橋を渡るべからず」という立て札を見て「橋《はし》」を同音異義の「端《はし》」と知恵を使い、橋の中央を堂々と渡っていったという、あの一休さんです。

一休さんの名前の由来は、師匠の華叟宗曇《かそうそうどん》から「洞山三頓の棒《どうざんさんとうのぼう》」という公案に対して「有漏路《ゆうろじ》（煩悩）より無漏路《むろじ》（悟り）へ帰る『一休み』、雨降らば降れ、風吹かば吹け」と答えたことで、師匠から『一休』の道号を授かったことにあります。二十五歳の時だといわれています。

つまり一休さんは「人の生涯とは、束の間の仮の世界です。あの世の悟り（仏）の世界に帰る、ほんの短い間の迷い（煩悩）の世界がこの世です。だからこの世は仮の存在であり、すべてが空なのです。私たちは仮の世界に『一休み』しているにすぎません。雨が降るのであれば降ればいい、風が吹きたいのであれば吹けばいい、私の心は動きません」と、この世の一切は「空」であると答えています。

その一休さんが、珠光に悟らせた有名な一文があります。それが「仏法も、茶の湯の中に有る」という尊い格言です。茶人はお茶をおこなっている時だけでなく、平素の一言一行が大切です。

すなわち「茶道」とは禅宗の行《ぎょう》です。茶の道とは単なる遊楽ではなく、僧侶が仏に仕える行を、俗人がおこなうものなのです。そのことを理解して貴方はお茶の道を歩みなさいと教えています。お茶の世界でよく耳にする「茶禅一味」という禅語は、珠光が一休さんから学んだ茶法の精神です。また一休さんは、中国の趙州《じょうしゅう》和尚の「喫茶去《きっさこ》」の公案も珠光に授けています。喫茶去とは、貧富貴賤の差別をせずに人さまにやさしく接する心、つまり『おもてなしの心』をお茶で養いなさいという教えです。この考え方が、一休さんの茶の湯です。

禅寺でのお茶の作法にも精通していた珠光ですが、何よりも一休さんの人柄と禅の修行に感銘を受けた彼は、それまでの華やかに豪遊する貴族的なお茶のスタイルから、新しい茶の湯の姿を創作していきます。そのお茶とは、格調の高い唐物に精神性を追求しながらも、東山文化の華やかさをくずすことで一般大衆へとお茶を導くこころみでした。

この珠光の新しいお茶をあがめ、さらに工夫を重ねていったのが堺の商家に生まれた武野紹鷗《たけのじょうおう》です。彼は香道流祖の三条西実隆《さんじょうにしさねたか》から歌を習うほどの、大和趣味の持ち主として名高い人物です。

紹鷗は大林宗套《だいりんそうとう》禅師から禅の指導を受けた僧侶です。師匠である珠光の精神を受け継ぎながら、彼独自の文学的な風合いを加え、茶の湯の世界を豊かに深めていきました。その武野紹鷗からお茶の指導を受けた門人の一人に「田中与四郎」がいました。彼こそが、世にいう「千利休」です。

(8) 千利休の愁い(茶の湯に末法を見る)

いよいよ、誰もが知る茶人「千利休」の登場です。

広く知られる「利休」という名前は、一五八五年に禁中《きんちゅう》茶会で正親町《おおぎまち》天皇から与えられた居士《こじ》号《ごう》と一般的にいわれています。

しかし、古渓《こけい》禅師の弟子の春屋宗園《しゅんおくそうえん》が著した『一黙稿《いちもくこう》』によれば、この名前の考案者は、紹鷗の師である大徳寺の大林禅師となっています。与四郎が大林和尚から得度を受けた時に授かった号だと語られています。

号の由来は「名利《みょうり》ともに休《きゅう》す」と述べられています。

つまり「名誉や利得に溺《おぼ》れずに、老古錐《ろうこすい》の境地を目指しなさい」という教えが、利休という名前に込められています。老古錐とは、木材に穴をあける工具の古くなった錐《きり》のことです。新しい錐を使い続けていくと、やがて鋭い先も丸くなっていく姿に例えて言っています。

一五二一年、堺の今市で生まれた利休は、十七歳の時から茶道を学んでいます。

茶道入門の師匠は、将軍家の茶湯の伝授を受けた北向道陳《きたむきどうちん》こと易庵《えきあん》です。その後、道陳の紹介で武野紹鷗の門下となっています。利休に「宗易《そうえき》」の名が残るのは、師であった道陳の庵号の一字（易）を授かっているからです。

また「千」という姓は、納屋衆《なやしゅう》（倉庫商）だった祖父の道悦が過剋斎《かこくさい》を号して、千阿弥《せんあみ》と称していたことに由来しています。利休は、後に祖父の「千」を取り「千利休」を名乗っています。しかし、この千利休という名前は晩年の大変に短い期間の名乗りです。人生のほとんどは「千宗易」という道号で暮らしています。

利休は、古渓禅師のもとで禅の修行を重ね、やがて茶の湯を大成させています。当初、茶の湯は外面的な優雅さを競い合っていましたが、その後に精神的な要素も加わり室町の茶文化が開花していきます。また、ほかの芸道も同じように華やいでいきました。観世《かんぜ》の能楽や池坊《いけのぼう》の生け花、雪舟《せっしゅう》たちの水墨画、狩野元信《かのうもとのぶ》たちの大和絵など、豊かな日本文化が栄える時代を迎えています。そして、キリスト教の伝来にともないヨーロッパや東南アジアからの来航も増え、南蛮文化が謳歌する安土桃山の時代が訪れます。茶の湯は、日本の歴史に彩られた時々の文化が近づいては遠のきながら、さまざまな変容をとげています。

当時、利休が弟子たちへ語ったことに「私がこの世を去り、十年もたてばお茶の本道はすたっていくことでしょう。しかしその時、世間ではかえって茶の湯は盛んとなるに違いありません。もうすでに俗世の遊びごとになっている様子は、今見るとおりです」と、当時のお茶のあり様に、末法思想さながらの寂しさを抱いていました。さてさて、現代の茶の湯の風潮は、利休の目にはどのように映るのでしょうか。真偽のほどが問われるところです。

お茶の形式や珍しさにこだわり過ぎて、本来の道を見失うようなお茶では、その場かぎりの遊戯ごととして虚しさだけが残ります。そのような浮世の落とし穴に身を沈めるお茶の風景に、利休は嘆き、お茶のあるべき姿を教えているのです。

利休が、お茶のあり方について伝えた大切な教示があります。それが『四規七則《しきしちそく》』です。四つの心の決めごとと、七つの作法の守るべき心得です。四規とは、「和・敬・清・寂」の心がけを守りなさいということです。七則（利休七カ条）とは、次の作法の心得です。

㈠ お茶は美味しく点てなさい。
㈡ 炭はお湯がほど良く沸くように仕組みなさい。
㈢ 冬は暖かく、夏は涼しさに心がけなさい。
㈣ 花は野にあるように入れなさい。
㈤ 時間は早め早めに取りなさい。
㈥ 雨が降らなくても雨具の用意をしなさい。

㈦　お客さまに心を尽くしなさい。

この「四規七則」が、利休のお茶の極意です。内容はとてもシンプルですが奥のある戒めです。細かく定められた複雑なお点前は、この四規七則を得心するための手段にすぎません。お点前は、お茶の求める本来の目的ではないのです。私たちは、利休に寂しい思いをさせない茶の湯を心がけていきたいものですね。いま吹く風に伝えます…。

世界の各地で栽培されるお茶の葉も、製茶方法の違いにより地域風土に合った姿に変えながら、各国独自の茶文化を確立していきました。とりわけ、日本古来のお茶の文化は、他国に比類の精神文化を築きあげています。それは一休さんが伝える「おもてなし」という思いやりの心を大切にしながら、私たちを美という精神世界へ導く文化性の昇華にあります。

つまり日本の茶道とは『愛と美』の求道の世界なのです。

なぜそれほどまでに、先人たちは「お茶」に心をそそぎ、こだわり続けてきたのでしょうか。お茶の何が人々の心を強く引きつけてきたのでしょうか…。

茶の湯とは計り知れない神秘的な世界です。そして、このお茶の奥義を現代へ大切に伝え残している人たちが、茶道各流派の宗家や多くの門弟の茶人たちなのです。

(9) 四十七流派の茶道宗家（禅宗・武家・千家）

現代の日本茶道は、禅院をはじめ多くの流派の茶道宗家により、奥義が大切に守られ次世代へと、お茶が伝承されています。

先代の教えを後継者が正しく学び、そして次世代へと伝え日本茶道の奥秘が守られてきました。その伝承の形式には、家族が継承する「一子相伝《いっしそうでん》」と、門人の高弟が継承し一派を興こす「完全相伝」、そして「不完全相伝」の三通りがあります。なお禅院では代々の僧正《そうじょう》が継承しています。

現在、日本茶道を継承する主な宗家は「禅宗流」「武家流」「千家流」を合わせて、約四十七流派が存在し、茶道の「茶の心」を守り後世へと文化継承を続けています。代表的な古典流派を参考までにご紹介いたします。なお史上で伝承が途絶えた流派も含めさせていただきました。

●奈良流（村田珠光）●堺流（武野紹鷗）●利休流（千利休）●藪内流（藪内紹智）●南坊流（立花実山）●宗旦流（千宗旦）●表千家流（千宗左）●久田流（久田宗栄）●堀内流（堀内浄佐）●松尾流（松尾宗二）●小笠原古流（小笠原長雅）●三谷流（三谷宗鎮）●裏千家流（千宗室）

●速水流（速水宗達）●玉翠流（大下宗克）●志野流（藤井宗生）●大日本茶道学会（田中仙樵）●江戸千家流（川上不白）●不白流（川上宗順）●武者小路千家流（千宗守）●宗徧流（山田宗徧）●宗徧吉田流（小笠原忠知）●時習軒流（細田宗栄）●安楽庵流（安楽庵策伝）●普斎流（杉木普斎）●細川三斎流（細川三斎）●三斎流（一尾伊織）●古市流（古市宗庵）●小堀流（小堀長斎）●萱野流（萱野隠斎）●織部流（古田織部）●上田宗箇流（上田宗箇）●宗和流（金森宗和）●遠州流（小堀遠州）●松花堂流（松花堂昭乗）●有楽流（織田有楽）●石州流（片桐石州）●藤林流（藤林宗源）●鎮信流（松浦鎮信）●怡渓派（怡渓宗悦）●清水派（清水道閑）●野村派（野村宗覚）●大口派（大口樵翁）●新石州流（片桐貞信）●古石州流（本庄宗尹）●不昧流（松平不昧）●禅宗流（各僧正）●その他流派　【順不同】

右記の茶道流派が鎌倉時代から明治三十一年までに創設された主だった「陽《よう》の茶道流派」です。その後、現在に至るまで分派独立した流派は、ここでは割愛をさせていただきました。ご了承をお願いいたします。

また「煎茶道」にも多くの流派が存在しています。

江戸時代初期に黄檗宗《おうばくしゅう》を開いた隠元隆琦《いんげんりゅうき》禅師を開祖とする煎茶道は、江戸末期に創設した小川流

をはじめ、三十九流派が煎茶の精神文化を守り続けています。（二〇〇八年、全日本煎茶道連盟）

茶道に限ることではありませんが、日本の歴史の影では「陰《いん》の宗家」が存在しています。

陰の宗家とは「陽の宗家」の奥義や秘伝が途絶えぬように、影でささえる役割を担っています。

そのために、陰は大義がない限り表舞台に出ることのない、秘奥の存在となっています。この伝承形式が日本文化の特異性でもあります。

実は、現在の各家元も明治期までは、政財界の茶頭《さどう》という陰の存在でした。今のように各流派の家元が表舞台に現れ出したのは、昭和二十年の終戦後というごく最近の出来事でもあります。

⑽　歴史の光と影（菊を見て、菊を見ず）

「菊づくり　菊見る時は　陰の人」

文豪の吉川英治《よしかわえいじ》は『新平家物語』の執筆中に、平清盛の菊人形を見に出かけました。その会場で多くの人々が、菊の花のあまりの素晴らしさに絶賛していたのだそうです。

ふと見ると、その花の陰で初老の職人がうずくまり泣いているのです。職人は長い間、心を込めて育て上げた労が報われたと、喜びの涙を流していました。それを知るなり吉川英治は、その場でこの句を職人に贈ったということです。何事にも、何かが成就する陰には、功績にたずさわった人が居るということを教える、温情の一句です。

人知れずに「陰徳《いんとく》」を積む姿は、日本人の奥ゆかしい美徳とされてきました。世間によく知られている晴れやかな姿の影には、多くの陰徳者の労があるのです。

昭和の茶人の柳宗悦《やなぎむねよし》は「民芸」という名称をつくりだした人物です。彼は世間に知られていない無名の職人の技で創り出された、優れた工芸品こそが最上の美芸であると、日本に新しい芸術論を説いています。日本には、私たちの知らない「野に隠れた芸術家」が、まだまだ沢山いらっしゃるのです。

また美術史の一例ですが、江戸後期の著名な浮世絵師、葛飾北斎《かつしかほくさい》の晩年の作品は、助手を務めていた娘の応為《おうい》が代作していたという話があります。偉大な女絵師が世に出ることなく、歴史の裏側に眠っているのは寂しい限りです。この研究は 、カナダの女流作家キャサリン・ゴヴィエさんが『The Ghost Brush』に検証をまとめています。

しかし、あえて世に出ることをこばみ続けた人々が多くいたことも事実です。芸術の静かで奥深い聖域にたどり着けば、俗世を超えた喜びに巡り合い、それ以上のものを欲するには及ばなかったのでしょう。


長い歴史の中には、常に「光と影」が存在しています。

光に照らし出されている出来事は、私たちが知り得る世界です。しかし、その陰では、史録には現れないもう一つの歴史の顔が存在しています。それが「陰」の世界です。

世界から「日本の顔が見えない」と、耳にしたことはありませんか…。

古来、日本には秘する文化や忍ぶ心の道を、民族の美学としています。秘するにも深い理由が存在します。すべての公開が望ましいとは一概に言い切れません。しかし、秘することにより、知るべき本質が不明瞭になっていては、秘すべき意に反します。

お茶の世界でも「二つの顔」があると、よく語られています。それが「陰と陽」の存在を意味しているのです。この本では「陰」の世界をできうる限り、お話ししていきたいと考えています。

それは『真の日本文化』の素顔を知るうえで、避けては通れない大切な物語があるからです。

近年の「陰」の姿として、昭和天皇の出来事が挙げられます。

一九八八（昭和六十三）年九月十九日午後十時頃、皇居吹上御所の寝室で、昭和天皇が大量吐血により倒れられました。日本の一大事です。

緊急事態に呼び出されたのは、皇居で奥《おく》と呼ばれる側近者だけでした。表《おもて》の宮内庁長官には、事の次第は何も告げられていません。後に侍医長は「陛下には病名をお告げしていないが、病状はいちじるしく重い」と語られています。

やがて、一般新聞の皇室担当者は「病状は一進一退を続けられている。吐血以来、輸血総量は三万一〇〇〇ccを超えた」と報道しています。尋常ではない国家の非常事態です。

その時に呼ばれたのが、天台密教の陰のN大僧正たちでした。

比叡山から数名を引き連れ都内青山の某所に寄宿し、そして吹上御所に通いながら陛下への壮絶な延命祈祷を、連日連夜つづけています。その取り次ぎ役を宮沢副総理が担当しています。副総理は皇室尊重の思いをひと一倍に強くもたれていた方であったと、深く印象に残ります。

その後、マスコミは「政府内で昭和天皇の病状悪化を詳細に知っていたのは、竹下総理一人だけだ」と報道されていましたが、それは事実と異なります。

このような大義の影には必ず「陰」の存在があります。おおよそ世には現れませんが、二〇一四年八月に黒塗りで削除がされていない『昭和天皇実録』が、情報公開として公刊されました。その末筆には「陰」の功労が、そっと添えられているかもしれません。

また翌年の一月七日、小渕官房長官が国民にむけて公表した新元号の考案も、すでに天皇が倒られた前年の九月には検討が始められています。当時は、スクープの回避を目的に稀にみる厳重な報道規制がされていました。新元号が天皇から御裁可《ごさいか》をいただく前に世に出れば、関係者の自決は免れない大義であったといわれています。

そして陰として秘かに招集されたのは、儒教学者のU氏、漢文学者のM氏、東洋史学者のY氏の識者たちです。元号候補は「修文」「平成」「正化」の三点に絞り込まれていました。その中から、最終的に「平成」が採択されたわけです。

「平成」の出典は、紀元前七〇〇年頃の秦時代に用いていた中国最古の経典『書経』から、大禹《だいう》謨《ぼ》の「地平天成＝大地が平和であれば天も穏やか」を引用しています。また、紀元前九十一年頃に完成した中国の『史記』から、五帝本紀《ごていほんぎ》の「内平外成＝内部が平和であれば外部も成立する」

からの引用です。この二つの中国故事から新元号の「平成」は生まれています。

年が明け、表舞台では「政府は国の内外にも天地にも、平和が達成されるという願いを込めた」と小渕官房長官は、採択理由を国民に発表されていました。

日本の元号が初めて制定されたのは、西暦六四五年の「大化《たいか》」が始まりです。以来一三〇〇年以上の歴史を続けてきた国家の暦が、一九八九年の「平成」に至り、天皇ではなく国民選出の政府により暦名が定められました。このことは日本の歴史上で、初めての大きな出来事です。

また、時をさかのぼること一九四五（昭和二十）年八月十四日、時代が大きく動いた時です。昭和天皇はポツダム宣言を受諾され、悲惨な戦争を終えています。その後、昭和の歴史は終戦・占領・独立を経て、現代の平和で豊かな平成の時代を迎えています。

当時は、過酷な戦局の中で「和平」か「交戦」すべきか、国論は大きく二つにわかれていました。その嵐の中で、昭和天皇は和平の道を聖断され、戦争は終結されました。

十四日午前、御文庫《おぶんこ》付属室にて最後の御前会議が開かれ、終戦の聖断が下されました。

同日の午後、閣議では天皇から「終戦詔勅《しゅうせんしょうちょく》」が告げられ、首相の鈴木貫太郎《すずきかんたろう》をはじめ十六人の各大臣が、覚悟の連署をつづっています。

私たちの日本が本土決戦を目前にして、天皇は「これ以上、国民の苦しみと文化の破壊は忍び得ない」と、深痛な悲しさを詔書に述べられています。

日本の愛する国花の菊には、江戸菊、伊勢菊、嵯峨菊、肥後菊、美濃菊など多くの美しい種類があります。

天皇の詔書の表紙には、十六重弁の皇室紋章の『菊』が添えられ、右上には㊙の刻印が厳秘を示しています。

そして内閣の奉書には『朕《ちん》深ク世界ノ大勢ト帝國ノ現状トニ鑑《かんが》ミ　非常ノ措置《そち》ヲ以《もっ》テ時局ヲ収拾セムト欲シ　茲《ここ》ニ忠良《ちゅうりょう》ナル爾臣民《なんじじんみん》ニ告ク…』から筆が始まり、天皇の堪え難い苦境の決意が粛々とつづられています。

緊迫した戦場下で、詔書の草案は書記官のS氏が下書きをし、その草案を漢学者のK氏が改めて起草し、最終的には陽明学者のY氏が文言を正し、十四日の早朝に完成させています。

そして同日、裕仁天皇が裁可《さいか》の証しに御名を署され、朱の御璽《ぎょじ》を押印されています。それに従い、大臣十六人が副著しています。

詔書の作成は、極めて秘密裏の中で幾重にも修正が加えられ、最後の一語一句にこだわり続けた痕跡がうかがえます。現存の詔書正本には、文脈の脇に加筆がされているほどです。

また本来、御璽押印の関係で、最終ページは三行以内で文書を終わらせる習わしがあります。しかし、正本は一行多く四行に仕上げられているために、後のページに紹介するとおり、御璽が末文に重なるという、誠に異例な詔書となっています。

翌十五日正午、昭和天皇はその辛い思いを「玉音放送」で愛しい日本国民に告げられています。大きく日本の歴史が動いた忘れ難い一日です。

その日は、蝉の声だけが届く大変に静かな日であったそうです…。


このような歴史の大義の影にも、筆舌に尽くし得ない陰者の働きがありました。

そして来る二〇一五年、日本は戦後七十年の大きな節目を迎えます。平和国家を守り続けてきた日本の歩みの姿を、国際社会に改めてアピールする時でもあります。

なお、文中のお名前をイニシャルで表現させていただいたのは、現在もご健勝で公務に就かれている方がいらっしゃる関係上、あえてこのように表記をしております。どうぞ、ご了承をお願いいたします。

「陰」の役割とは、いつの時代にもこのような影の姿で、日本の歴史にかかわっているのです。お茶の世界でも、陰の宗家は欠くことのできない存在として、今も静かに活動を続けています。

昭和天皇終戦詔書（大下所蔵）

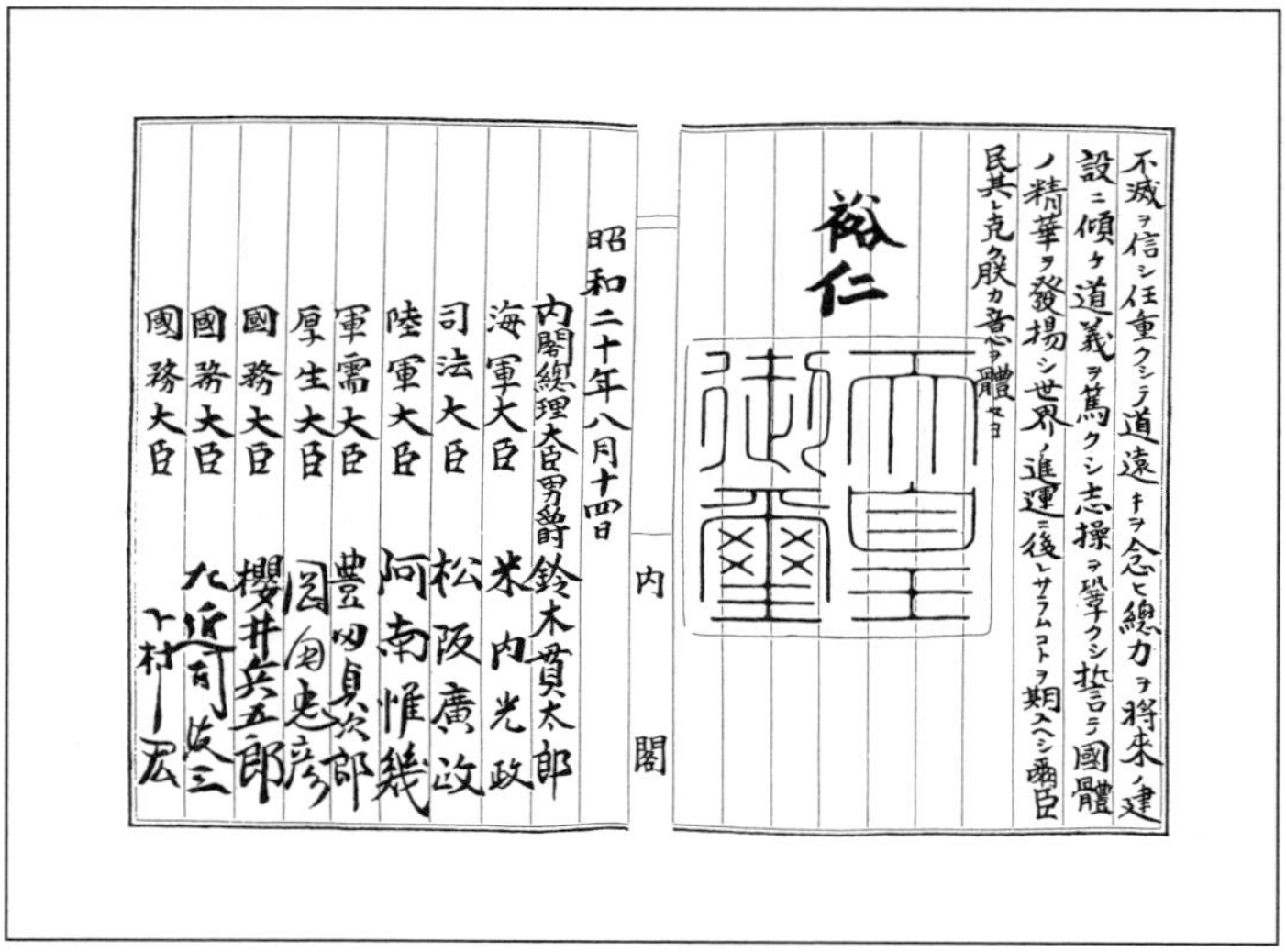
不滅ヲ信シ任重クシテ道遠キヲ念ヒ總力ヲ將來ノ建
設ニ傾ケ道義ヲ篤クシ志操ヲ鞏クシ誓テ國體
ノ精華ヲ發揚シ世界ノ進運ニ後レサラムコトヲ期スヘシ爾臣
民其レ克ク朕カ意ヲ體セヨ

裕仁

天皇御璽

内閣

昭和二十年八月十四日

内閣總理大臣男爵 鈴木貫太郎
海軍大臣 米内光政
司法大臣 松阪廣政
陸軍大臣 阿南惟幾
軍需大臣 豊田貞次郎
厚生大臣 岡田忠彦
國務大臣 櫻井兵五郎
國務大臣 左近司政三
國務大臣 下村宏

■昭和 20 年 8 月 14 日、昭和天皇「聖断」の終戦詔書
昭和天皇の詔書に大臣 16 人が連署されています
※末文 4 行目が御璽と重なる異例な詔書

【内閣總理大臣男爵：鈴木 貫太郎】【海軍大臣：米内 光政】【司法大臣：松阪 廣政】【陸軍大臣：阿南 惟幾】【軍需大臣：豊田 貞次郎】【厚生大臣：岡田 忠彦】【國務大臣：櫻井 兵五郎】【國務大臣：左近司 政三】【國務大臣：下村 宏】【大蔵大臣：廣瀬 豊作】【文部大臣：太田 耕造】【農商大臣：石黒 忠篤】【内務大臣：安倍 源基】【外務大臣兼東亜大臣：東郷 茂徳】【國務大臣：安井 藤治】【運輸大臣：小日山 直登】以上 16 人

二、良寛さんと遊ぶ

「この里に　手毬《てまり》つきつつ　子どもらと　遊ぶ春日《はるひ》は　暮れずともよし」

のどかな春の日に禅僧の良寛さんは、子どもたちと日が暮れるのを忘れるほど、楽しく遊んでいます。

花と遊び、鳥と遊び、風と遊び、月と遊びながら暮らすことが、良寛さんの禅でした。

良寛さんにとっての「遊び」とは、末法思想さながらの社会の乱れた風潮と戦う「武器」だったのです。そして、遊びの中にある「楽しさ」というものを極めていました…。

(1) 和敬清寂と遊（楽しさを極める）

そもそも遊びとは、神事に端を発した心をなぐさめる、時の流れです。日常の生活から心身を解きはなし、自然界に身をゆだね、心を癒すひと時に楽しみを得ることを意味します。

つまり遊びとは、文学や芸術の理念とする俗世から遊離して、美の世界を求めることです。

さて、お茶の精神や理想とする心の世界は、利休が説く四規の『和敬清寂』に集約されると語られています。そのためでしょうか、茶席の床の間にこの掛物を取りあげることが多いようです。

なんだか難しそうな四字熟語ですが、日常の私たちの心のあり方を説いているのです。

初めの『和』とは、いかなる社会的な地位や立場にいる人であろうとも、一歩お茶席に入れば、分け隔てなく一切の差別をなくし、心をやわらげて主人と客人が直心《じきしん》の交わりをするようにと教えています。

それは現代社会の縦の人間関係を、平らにしようという考えです。私たちは平等のもとで穏やかに心を通わせることを大切にしながら、そのようなやさしい思いで人や物との心の調和を、お茶の世界で創り出そうというものです。

次の『敬』とは、人に限らずすべての物や出来事に対しても、敬う心の大切さを教えています。相手の人格や物々の尊厳を、謙虚な思いで敬うことの大切さを教えているのです。


人生には、二つの言葉が有れば立派に生きていけると聞いたことがあります。

それは「ありがとう」と「ごめんなさい」の二言だといいます。

「ありがとう」という感謝の心と「ごめんなさい」という謙虚な心があれば、どのような社会の中でも、平和で穏やかに生きていけるという処世の話ですが、敬いの心に通じた大切さを思わせます。

この『和敬』の二語の熟語訓の中にはさらに深いテーマが潜んでいます。それは『和』と『敬』との相反する相関にあります。

『和』では平等を教えていますが、その一方『敬』では不平等を前提とした、心配りを求めているところです。平等と不平等とが共存しているので、何か矛盾を感じるかもしれません。しかし、ゴルフでのハンディキャップや日常で道をゆずったりする、やさしい思い遣りの精神が、不平等の肯定でもあります。逆もまた真であるという道理を、二字熟語で教えているのです。

後に詳説いたしますが、この考え方には陰陽説の理論が働いています。

次の『清』とは、どのような場合でも、清廉潔白な心で物事に接することを教えています。表面的な姿や形、また生活環境などの清らかさにとどまらず、私たちの心の内面にいたるまで清らかな美しさを追求するべきだと説いています。おごりや嫉妬などの醜い心の姿を捨て去り、清純な花が無心に咲き人々を喜ばせているように、私たちも私欲を捨て純粋で清らかであろうと教えています。

そして最後の『寂』ですが、何もすべてにおいて清らかにすることが良いとは限りません。迷いの多い俗世に心の目をそむけることなく、むしろそのような暗闇の中でも屈することのない、清らかな心を守り続けることが肝要です。

一九六九年、私がジャーナリストの扇谷正造《おおぎやしょうぞう》さんのご自宅へ、遊びにうかがった時のことです。当時の私は、男とは喧嘩が強くて弱い者を守ることができればそれで良いと、思い違いをしていた若き日の頃です。

日だまりの縁側で先生と語り合う中、私は一筆の助言をいただきました。それは『朝の来ない、夜はない』という一文です。「どんな暗闇の中に居ても必ず夜は明けて、明るい朝が訪れる。希望を絶やさず、苦しみに耐え忍びなさい」という、若輩の私に贈られた先生の温かな励ましでした。『寂』の言葉には、そのような困難にくじけない強い気概が込められているように思えます。

つまり『清』は、汚れや濁りのない清らかな世界に心身をゆだねることを教え、その一方『寂』

では、蓮《はす》の花が淀んだ沼地から美しい大輪を水面《みなも》に浮かべるように、いかなる環境においても心を揺らすことなく、強く生きていくことを教えています。

『和敬』と同様に『清寂』にも「陰陽和合」の平和な心の姿を教えています。すなわち『和敬清寂』とは、敬う心でお互いの和を育て、寂しい雑踏の中にいても動じない心をもち心身の清らかさを忘れずに、茶の湯のひと時を貴方と一緒に過ごしましょうという「お茶の心得」を伝えているのです。

室町時代から茶人や数寄者たちは、遊楽的な飲茶の慣例から離れ、精神や理念を確立させていきました。その思いはお茶の礼法や道具類に託されています。戦乱の世でありながら、茶室では平等と自由のもとで平和な精神が守られていました。

そして江戸時代から近代にかけて、お茶の世界もさまざまな姿に変貌をとげています。このように、茶の湯は時代とともに進化を続けてきました。

ところで、この茶の湯の精神文化を次世代に伝えていくためには、何か不足感を抱きます。それを補うものが『遊び』ではないでしょうか。

伝統を守りながらも移ろう時代背景に多くを学び、現代の時代感覚にかなった新しいお茶の姿に変えていく必要があります。つまり「守破離《しゅはり》」の心です。

忙しい現代の人々に親しまれる茶の湯として、またお茶の日常性を高めていくには『和敬清寂』に加え『遊《ゆう》』の精神が望まれます。

遊びを遊ばずに、心を自由に解きはなし柔らかい頭と心により、現代にかなった「新たな茶の湯」の夜明けを迎えています。

お茶は、なにも茶人だけのものではありません。茶の湯の文化は、私たち日本人が共有する心の宝物です。私たちには遊びの中に潜む「楽しさ」を極めていくことが、この時代に求められているのではないでしょうか。

禅が語る「和敬清寂」と、神事が伝える「遊」の世界を共にした、神仏和合の理が新しい時代に必要なエッセンスだと思えます。

三、お茶のこころ

花は、いつも「約束」を守ります…。

春になると野辺では美しい花々が踊り始めます。季節が巡ると、約束どおりに花は私たちの前で美しく咲きだします。しかし花自身は自らを美しいとは思っていません。そうなのです。花が美しいのではありません。花を美しいと思う貴方の心が美しいのです。つまり、貴方が美しい花になった瞬間です。いつも心に花を咲かせ、楽しい明日を夢見ながら過ごしていきたいものですね…。

ところで日本の歴史を振り返ると、その道のりは飢餓の歴史ともいえるほど苦しい貧困の時代をおくっています。現代のように豊かな生活や教育、さらに社会の秩序化もされていない昔のことです。そのような中で人々はどのような暮らし方で、過酷な時代を乗り越えてきたのでしょうか。

思いますに、自らの心の中に宿る神聖をよりどころにして、大自然の中で飢えや病と向かい合い暮らしていたように思えます。人々は豊かな感性で、自然という名の神の世界を心に浮かべ、母なる母、父なる父に助けを請いながら、親を敬い、子を愛し、そして家族の無事を祈り、貧しくても心豊かに幸せな日々を暮らしていたのではないでしょうか。

本当の幸せとは、そのような貧しさの中から美しく芽吹いてくるように思えます。

(1) おらが春（幸せは、お金で買えません）

サン・テグジュペリの最後の作品に『星の王子さま』という童話があります。この物語の中で、キツネが王子さまへ贈った言葉に「大切なものは、目には見えない」という、一節があります。この童話では「心と物」の大切さを教えられます。

アメリカのイリノイ大学では、科学的に「幸せ度」の調査をしています。一般的に、お金が多く有れば幸せ度が高いと思われがちです。しかし、調査の結果は逆でした。「普通に暮らせる程度の収入が有れば、それ以上のお金の有無と幸せの満足度とは無関係である」という統計データが得られたのです。興味深いことに、この指数はお金だけではなく「知識」や「学歴」、また社会的な「地位」においても、同様の結果を示していたのだそうです。その理由は、「所得が多くなると物欲が増大し、幸せ感を抑制するからだ」と、研究者たちは推測しています。

喜劇王のチャーリー・チャップリンも「人生に必要なものは、愛と勇気と少しのお金が有ればよい」と語っています。確かに昭和の高度成長期には国民の所得も飛躍的に高まりました。しかし、国民の幸せ度には際立って特別な変化は見られませんでした。どうも、心の豊かさとは物の豊かさと反比例の関係にあるようです。

小林一茶がお正月に詠《よ》んだ「めでたさも　中くらいかな　おらが春」の境遇にも似た、何事にも程よい加減が幸せの宿るところなのかもしれません。

過ぎた欲は、わが身を滅ぼす原因です。わが子のためにと財にとらわれ、その果てに家族や末裔《まつえい》が滅びる世襲の性《さが》は、あまたの歴史で知るところです。それでも私たちは、過ちを繰り返してしまいます。つまり親は、愛する子どもに「魚」を与えるのではなく、「魚の釣り方」を教えることこそ誠の親心ではないでしょうか。子育てとは、親の背中を見せてあげることだと知らされます。

紀元前約三〇〇年の大昔、古代ギリシャの哲学者アリストテレスは、体の中に「心」が内蔵されていると語り、心（思考）と体（物質）は、人間を構成する不可分な二大原理であると定義しています。彼はこの理論をもとに自然や社会、芸術をはじめ多くの学問を広めていきました。太古から「心と体」の和合の理が説かれていた証しでもあります。

能楽の世界でも同様に、心身のバランスの大切さを教えています。お能の舞いの姿が、長い歳月を経ても衰えることなく、私たちを幽玄の世界にいざなう理由です。

そして、茶の湯の世界でも「心と体」とのバランスを大事に取り扱っています。それは偏らない心身の調和を保つ「和合の理」の教えです。この理念を、お茶の点前や道具組みに作法化することで、私たちに和の大切さを伝えているのです。

たとえば、心が喜べば体は踊ります。心が怒れば体はこわばります。心が病めば体も病み、心が悲しめば体も力を失います。つまり心身和合の教えとは、心を静かに清めれば、体の動作も自然と流麗な姿になるという道理を意味しています。体の動きは、鎮まる心とともに無駄な動作を消していきます。なんら滞ることのない美しい流れだけが、自らの所作に宿ると考えています。もちろん私たちの口から湧きでる「声」も、体の一部分とご理解ください。やさしい語り声は、温かな心の発露でもあります。

心と体のバランスを崩してはいけません。調和の中に幸せが宿っているのです。

荒ぶる思いや過ぎたる欲は、私たちの心から美しい姿を消し去っていきます。

(2) 序破急《じょはきゅう》の舞い（お点前は蝶のように）

クリスチャン・ディオールが、日本文化への感動を伝えています。フランスの服飾デザイナーのディオールが来日し、能楽の鑑賞にでかけました。その時のお能の舞いに大変感銘を受けたと言っています。雅な古典装束もさることながら、彼にとって最も忘れられない感動が、白足袋をはいた「足運び」の流れの美しさだと語っていました。

お茶の作法にも、お能の舞いに通じた美の道理が秘められています。お能は、足で緩急自在に舞いますが、お茶の場合は、手で舞いをおこないます。「足さばき」と「手さばき」との違いこそありますが、お茶のお点前とは舞いの姿なのです。

お点前では「序・破・急」の舞いが理想体です。

初めの「序」とは所作の開始時で、静かに事なくすらすらと舞い、次の「破」は所作を展開している時で、変化に富んだ味わい深い流れで舞います。そして最後の「急」は、所作を終える時です。その際は短く躍動的に演じ、客人の心に残照の美を宿らせます。この一連の仕手《して》さばきが、お茶が求める流麗なお点前の姿です。風の中で、花々を巡る蝶のように舞うのです。

目の動き、指の動き、肩の動きなど微細な所作にも心が満ちあふれています。心の落ち着きにともない、身のこなしも無駄のない美しい姿に整っていきます。やがて心と体は自然と融和していきます。この境地を得るために、先人たちは厳しいお稽古を日々積み重ねてきました。もとより、お稽古とは表面的な姿や形だけのものであってはいけません。「心と体」は一蓮托生《いちれんたくしょう》です。心を鎮め、体を鎮めてお稽古を続けるということは、心の神聖と語りながら俗世を平和に過ごすことに他なりません。心のざわめきは体の動きを乱します。体の動作は心のあり様を映し出す鏡です。

茶席での書も同様に「心と筆」の調和の美を求道しています。

古筆の掛物は単に文字を読むという世界ではありません。文字の姿に込められた筆者の心情や、脈動する筆の生きざまを眺め偲ぶことに書の本道があります。書では、文字の中に宿った心を読みとる、やさしいまなざしが求められるのです。それが書には欠かせない読心術となります。

何事にも基本は大切です。書には「永字八法《えいじはっぽう》」という書法があります。『永』の一文字の中には、文字すべてに共通した八種類の運筆法が込められています。

この文字をじっと眺めてみてください。文字がもつ点や線、跳ねや伸び、細さや太さなど、美しい心の脈動が筆の流れの中から聞こえてきます。書の極意は、余白に秘める一抹の余情の美しさにあります。余白が「面白い」という言葉を生んだ理由でもあります。

(3) 余白の美（書はこころの発露）

茶席に入ると、まず初めに床の間に掛けられた「書」にご挨拶をします。主人の歓迎の思いが書に託されているので、私たちは主人のその心情を受け取ります。その大切さからお茶の一番の道具は掛物と語られています。利休の師、武野紹鷗は歌人でもあり卓越した書家でもありました。そのことからお茶と書は、深い結びつきがあります。書の拝見は単に文字を読むことではありません。書とは心の実像です。私たちの心は、筆へと運ばれ、筆は文字にその心の姿を映し出していきます。筆を持つことの少なくなった現代ですが、筆が語る書の世界を訪ねてみましょう。

『書』は約二〇〇〇年前、中国の後漢時代に紙の発明と筆の発達により盛んになりました。五三八年、朝鮮半島の百済《くだら》の聖明王《しょうみょうおう》から、釈迦仏像と一緒に三巻の経論が、日本に届きました。いわゆる「仏教伝来」です。ところが、誰一人として文字の読み方がわかりません。そこで、日本で最初に女性として仏門出家した善信尼《ぜんしんに》が、百済に渡航し文字の勉強にいっています。六一〇年には高句麗《こうくり》（古代朝鮮）の僧侶、曇徴《どんちょう》が紙と墨を日本に伝え、経典の書き写しがおこなわれるようになりました。

なお、六世紀後期の日本では、漢字を仮名的に表す「真仮名《まがな》」が創られています。その文字は、八世紀の奈良時代になると国語の表記に用いられ、特に『万葉集』に多く使われていたので「万葉仮名」ともいわれています。そして平安時代には草仮名（平仮名の前身）が創作され、藤原行成《ふじわらのゆきなり》を祖とする世尊寺流《せぞんじりゅう》が日本書法を大成し、和様の「書道」を広めていきました。

古式の書道は、まず心身を清めることから始めます。

筆者は沐浴で体を清め、手を洗い、口をすすぎ、そして衣服をただします。この行を「潔斎《けっさい》」といいます。書堂内には静かな空香が焚かれています。

筆者は書机の前に着座し「開経偈《かいきょうげ》」「般若心経《はんにゃしんぎょう》」「書道観念文《しょどうかんねんもん》」を読みあげ、合掌礼拝で心を神仏に授けます。正式には和紙でつくった覆面瓠《ふくめんこ》を掛けます。これは、息が書に直接かからないように配慮した口を覆うマスクのような物です。しかし現代では省略しているようですが、神聖な献茶式などでは覆面瓠の装着は基本です。

そして硯《すずり》に水をそそぎます。先人たちは早朝の蓮の葉などに溜まる朝露の滴を集め、その水滴を硯にそそぎ書に用いていました。その水が用立てない場合は、朝一番に汲んだ清水《せいすい》を使います。

墨は、油煙や松の根を燃やした煤《すす》をニカワで練り固めた物です。墨を静かに硯面で滑らせ墨だしを始めます。墨の発色には、淡い灰色から漆黒《しっこく》にいたる過程に五つの色彩が現れます。古来、それを「墨五彩《すみごさい》」といっています。

和紙を前に合掌一礼し、先ずは心の中で文字を描きます。そして愛用の筆を両手で取り、筆の穂先に墨を吸い上げます。その筆を紙面に運び、心の中で描いた文字どおりに、筆先を和紙の上で走らせます。「弘法は筆を択《えら》ばず」との話がありますが、大師もお好みの筆を愛用していました。

筆の持ち姿には三通りあります。細字の場合は「枕腕法《ちんわんほう》」の構えです。左手を枕にして、その上に筆を持った右手を乗せて書く姿です。中字の場合は「提腕法《ていわんほう》」の構えです。左手で和紙の端を押さえ、右手を和紙に添えながら書く姿です。太字の場合は「懸腕法《けんわんほう》」の構えです。右手を宙に浮かせて書く姿です。

書が終われば、最後の礼法として再び「回向文《えこうもん》」の読経をもって、報恩の思いを神仏にたむけます。そして合掌礼拝し、静かに退席します。この流れが「一字入魂」の日本書道の奥儀です。

お茶や書でみるように、日本文化の芸術には「心と体」との共鳴で結晶された、特殊な風景があります。海外の人には、なかなか理解のしがたい神秘的な精神の営みが、日本文化の素顔にみられます。お茶の聖域は、このような心物和合の理により構成されているわけです。国境だらけの地球の上で、芸術が時代を超え、また民族や宗教を超えて世界の万人から愛される理由は、心と物との調和により美しい世界が、芸術の姿として生まれているからではないでしょうか。

(4) マザー・テレサの運命論（幸せは微笑みから）

人は、歳を重ねただけでは老いません。夢を失った時に、初めて人は老いるのです。

能楽最奥の秘曲に観阿弥の『卒都婆小町《そとばこまち》』という老女の物語があります。

道ばたで朽《く》ちはてた物乞《ものご》いの老女に、高野山の高僧が説法をするのです。ところが百歳を超えた老女は、高僧の論をことごとく、さわやかな弁舌で交わします。そこで高僧が降参し老女の名をたずねると「かつては絶世の美女とたたえられた小野小町《おののこまち》の成りのはて」と、悲しみながら応えるのです。高僧は、老女の心の生きざまに悟りの姿をみて「たとえ深山の朽木なりとも、花咲く木は隠れなし」と、老女となった小町を励ますというお話です。

老いとは歳を過ごした年数ではありません。心に花が有るか否かが問われるところです。希望を失った心老いた若者に出会うほど辛い現実はありません。私たちは心に花を絶やすことなく、希望に満ちた生き方をしなければいけません。それは自らが「幸せな運命」を呼び込むためのルールなのです。

聖女マザー・テレサは運命について、次のように語っています。

「心の中にある『思い』に気をつけてください。その思いは、やがて『言葉』になります。その言葉に気をつけてください。言葉はやがて『行動』になります。その行動に気をつけてください。行動は『習慣』になります。その習慣に気をつけてください。習慣は貴方の『性格』になります。その性格に気をつけてください。性格は、やがて貴方の『運命』を創ります」。

地球上には万有引力が働いています。その万有引力は物質だけに働いているのではありません。目には見えない心の世界にも、同じように引力は働いています。

喜びは喜びを引き寄せます。寂しさは寂しさを引き寄せます。幸せを思えば、必ず幸せを呼び寄せることができるのです。つまり、貴方の心持ちしだいで運命を変えることができるわけです。

たとえば、人が微笑みを浮かべたら、その笑みをつくったのは他ならぬ貴方の力です。

貴方が幸せを望めば、望みどおりに貴方には幸せが訪れます。笑顔が幸せをつくるわけです。

自然を愛する者は、自然からも愛されるのです…。これが「心の万有引力」の法則です。

The Bird

第Ⅱ章．鳥の編

Those who love birds　She loves in return

秋も深まると、高い青空に「渡り鳥」が群れになって飛んで来ます。

はるか北の国から渡来して、日本で冬を越え、春になると再び北国へ帰る冬鳥に「雁《かり》」がいます。その雁は海を渡る時「小枝」を口にくわえて飛んで来るそうです。何千キロの海原を何日も掛けて飛んで来ます。鳥たちは、飛び疲れたら海の波間に小枝を浮かべて羽を休めるのです。月の夜、やっとの思いで津軽の浜にたどり着くと、小枝を浜辺に残して、さらに南の空へと飛んでいきます。そして日本で冬を過ごした雁は、早春を迎えると再び浜辺に戻り、自分の小枝を口にくわえて、北の国へと戻っていきます。

静かな浜辺には、命尽きて帰れなくなった雁の数だけ、小枝が寂しく残っています。

浜の人たちは、その残された小枝を拾い集め、焚木《たきぎ》にして供養をするのだそうです。

昔から日本人は、鳥たちの小さな命をわが子のように慈しみながら暮らしているのです。

この『鳥の編』では、雄大な自然界の営みに息づく陰陽説を訪ねます。

一、陰陽《いんよう》の世界

平安中期の「陰陽師《おんみょうじ》」で知られる安倍晴明《あべのせいめい》は、たくみに精霊の識神《しきがみ》を使い未来を予見し、あらゆることを未然に防いだと謎めいた伝説を残す人物です。時に怪しげな物語で紹介されていますが、彼はいたって普通のお役人でした。

その虚像を創りだした原因は、当時の政治に起用された『陰陽説』にあるようです。その活用方法が、現代の世には謎めいて映るのかもしれません。

晴明の実像は、彼の著書『占事略決《せんじりゃっけつ》』に残されているので、一読していただければ誤解は容易に解けると思います。

それでは、謎多き陰陽説の世界を覗いてみることにいたしましょう。

日本の精神文化に深いかかわりをもつ理論に「陰陽思想」があります。

茶の湯の根底に宿る道教の古典思想です。この陰陽説は聖徳太子の飛鳥時代には、すでに国家を支える公務に用いられていた中国の古い理論です。道教の要素を取り入れて、日本独自の陰陽道が誕生しました。もとより宗教ではありません。

(1) 太陽と太陰（仲むつまじく暮す）

大空に輝く太陽は、大地を照らし木々の葉に光を届けています。その葉の裏側には安らかな影をつくります。太陽が昇れば月は闇に隠れ、太陽が沈む黄昏に、再び月は闇夜に浮かび暗路を明るく照らします。

その月は自らの力では輝くことができません。太陽の光を授かり、初めて月は美しく輝くことができるのです。太陽と月は遠く離れてはいますが、人もうらやむ、仲むつまじい関係にあります。

その昔、太陽に対して月を「太陰《たいいん》」と呼んでいました。太陽と太陰（月）との関係は、二つの物が相反しながら一つの存在をつくりだしています。この世のすべてが太陽と月との関係のように、相反する二つのものが一つとなり存在しているという理論が陰陽説です。

天と地、光と影、暖と寒、明と暗、男と女、善と悪、生と死…。

両者は永遠に対極の関係にありながらも、二つが和の関係をもって初めて自然の営みを「平和」に成立させています。

この世の現象は、すべて二つの要素が対立をしながらも共生しているという二元論が、中国から伝わる陰陽説です。日本には仏教よりも古い時代に渡ってきた、王権を支える帝王思想でもありました。

私たちは悲しみを知って、初めて喜びを知ります。嬉しい出会いがあれば、必ず寂しい別れが待っています。この世に生まれるから、死が訪れます…。つまり、陰があるから陽の存在があり、陰がなければ陽は存在しないという考え方が陰陽説です。

さらに、二極両者は秩序のある規則正しいエネルギーで結ばれ、自然界のバランスを維持させているという考えを説いているのです。

この理論は、この世のすべてのものは「陰」と「陽」との相反する二つの間に一定の気の流れが存在し、その気で結ばれ調和が保たれていると考えられた思想です。

それは、広大な宇宙の世界も微小な電子の世界も、大小の区別はなく、陰陽の関係で成立しています。そして自然界のあらゆる現象は、この二極間の中で起きる気の変動から生じた事象であると因果を説いています。

つまり、二極のバランスを保つことが「平和」を創る秘訣だと、定義しています。その後、この陰陽思想は日本文化の芸術や哲学の思想原理に、大きな影響をおよぼしていきました。

(2) お月さまの語らい（不思議なエネルギー）

母なる地球と娘の月とは、強い愛慕の絆で結ばれています…。

それでは、この二つの星に通い合うエネルギーという「気の世界」を眺めてみましょう。


大海原で起きている「満潮」や「干潮」は、太陽や月の引力がもたらす現象です。

月に近い海側では、海面が盛り上がり満潮を迎えます。逆に、満潮地点の中間にある海面では、水位は下がり干潮になります。また太陽は月より遠くにあるために、地球におよぼす引力は月の約半分です。それでも「太陽・月・地球」が一直線上に並ぶと引力は増幅し、海面の満ち引きは最大となります。それが「大潮」です。この大潮は、新月と満月の時に現れるとても大きなエネルギー現象です。


新月は『太陽 ⇳ 月 ⇳ **地球**』が一直線上に並ぶ状態にあります。その時には、月は太陽を背にするので輝くことができません。一方、満月は『太陽 ⇳ **地球** ⇳ 月』の配列で一直線に並ぶので、月は太陽の光を全面に浴びて美しく輝きます。

太陽と月との引力がもたらす大潮は、地域によって干満の水位が異なります。

日本海側では0.3～1ｍ、東京湾では2～3ｍ、有明湾では3～6ｍほどが観測されています。海外では、カナダのファンディ湾やフランスのモン・サン・ミシェルなどで、巨大な引力エネルギーにより海面が最大15ｍの大きな隆起が発生します。その起伏の格差は、なんと七階建てほどのビルの高さに相当します。

ところで、南太平洋に九つのサンゴ礁からなる、天国に一番近い島で知られる「ツバル」という小さな国があります。この国が地球温暖化による海面上昇で、姿が無くなろうとしています。現在、地球は前例のない猛スピードで温暖化が進んでいます。その原因は、私たちの暮らしから排出される二酸化炭素です。

ＩＰＣＣ（政府間パネル）は、世界の異常気象により約一〇〇年間で最大五・八度の気温上昇が起こり、三十五年後には約20㎝の海面上昇となり、そして二十一世紀末までに約90㎝の上昇が起きうると発表しています。海面が50㎝上昇すると、満潮時には約二倍の1ｍ以上の高さになります。このような現象により、世界の美しい島々が次々と消えていくわけです。

そして、島国の日本も同じリスクを背負っているのです。

二〇一四年三月、環境省は地球温暖化が日本におよぼす影響として、海面上昇により美しい砂浜が最大85％消失すると発表しています。この大きな問題には、私たち一人ひとりが危機の認識を強くもたなければなりません。
未来の子どもたちのために地球を守っていかなければいけません。ツバル島の現状が、近い将来の日本の姿を教えているのです。

さて、私たちの人体は、体重の約70%が水分でできているといわれています。大潮で見られるような引力が、人体に影響しないはずはありません。満潮時にケガをすると出血量が多くなります。そのために病院では大きな手術をする場合、この大潮時を避けることもあるそうです。

また自然分娩では、満潮時に出産が多く、統計的に満潮時には男子の出産が目立ち、干潮時には女子が多いというデータがあるそうです。とても不思議なことですね。いずれにしても、この宇宙のエネルギーが私たちの生命に、何かしらの影響をおよぼしていることは事実のようです。

満月を迎える頃になると、メンタル的に感情が活発化するともいわれています。

英語で月の様子をルナティック＝Lunatic（狂気）と表現されるほど、満月時の引力が心の感情に強く作用することが知られています。

二〇〇七年六月五日、英国のサセックス州の警察では「満月の日には犯罪が増発する」と発表し、満月時には特別警戒をしているとのことです。

日本でも昔の人々は、経験的に太陽と月がつくりだす引力の働きを体得していたようです。地上で成長する農作物のトウモロコシ・ナス・キュウリなどは、月の右半分が輝く上弦の月頃（新月から満月に向かう頃）に種まきをしています。また逆に地下で成長する根菜類のダイコン・ゴボウ・ニンジンなどは、左半分が輝く下弦の月頃（満月から新月に向かう頃）に種まきを始めていました。このように太陽や月からそそがれるエネルギーの中で、私たちの命が育まれていることがわかります。

私たちの目には見えない「天地の力」を、陰陽説は理論化しているのです。

現代の情報化社会にも、太古の陰陽思想はしっかりと活躍しています。

文明社会の象徴ともいえるデジタル機能の発案は、アメリカの研究員が陰陽思想をヒントに考案したということは有名な話です。

コンピュータ信号を従来の「〇から九」の十進法から、陰陽の「〇と一」の二進法に再考しなおし、現代の目覚ましいデジタル技術の躍進につなげています。

お茶の世界でも、陰陽思想が静かに溶け込み、道具の配置や所作にいたるまで、数多くのこだわりを見ることができます。

たとえば、主人と客人との関係においても陰陽説が組み込まれています。茶の湯では主人を「陽」

に、客人を「陰」と定めています。

客人をおもてなしする主人は、南を背にして北（陰）を敬い、一方、客人は北を背にして南（陽）からの礼を受け取ります。

このお茶の理は、心のこもった主人のおもてなし（気）を、客人に授ける相関を確立させているのです。この二者の関係を「陰陽和合の理」と呼んでいます。これは、お茶の世界で平和な環境を成立させる基本的な礼法となっています。

また華道の世界でも同様です。主人の下座を「陽」と呼び客人の上座を「陰」と定めています。生け花で日光を受ける表側の葉を「陽」と表し、裏側の葉を「陰」としています。

言うまでもなく、華道は自然界の気の流れの調和を花に託して、花器に平和の美を創作しているのです。

(3) 自然という名の神さま（治癒力のプレゼント）

ところで腹痛で苦しんでいた時、お母さんの温かな手当てで痛みが安らいだ経験をおもちではありませんか。この出来事には、お母さんの愛念がつくりだす『気』の作用が働いていたことを教えています。

今まで明るかった部屋が、突然の停電で真っ暗になったとしたら、貴方はどのような行動をとられるでしょうか。

何も見えない暗闇の中では、必ず手探りであたりをうかがいます。その場合、両の手のひらを使いながらも、なぜか左手では頼りなく右手を無意識に使って周囲を確認しています。それは、気の流れの特性が影響しているからです。

大きな気のエネルギーは左手（陰）から入り、右手（陽）から出ていくという性質があります。つまり右手の感覚のほうが、周囲の様子をより敏感に察知することができるのです。

また突然、体が震えるような怖い出来事に遭遇したら、貴方はどのように行動されるでしょうか。

このような場合は、不思議なことに両手で両耳を封じます。目でもなければ、その場から逃げるのでもなく、ただ両耳をふさぎその場にうずくまります。まるでムンクの『叫び』の絵画に見るような態をとります。それは、両耳に侵入する異常な波動エネルギー（乱気）の恐怖から逃れようとする行動だと考えられています。興奮のあまりに乱れた気のバランスを、本能的に両手に流れる気で整えようと、無意識に防御の行動をとるのです。

海外でも、体に流れる気や両手がもつ気の性質を古くから説いています。

たとえば、中国には幼い頃から手のひらを硬い物でたたいて、気の流れを円滑にさせる習慣が現存しています。また、スペインでも古くから伝わる金属製のブレスレットは、単なるアクセサリーではなく、体調のバランスを整えるために用いられていたそうです。

もしも、身近な人が発熱で苦しんでいたら、熱で高まる『気』を、やさしく取り除いてあげてください。

このような場合には、相手の患部（陽）に左手（陰）をあてがい、穏やかに腹式呼吸をしながら相手の気を自らの体に受け取ります。そして、速やかにその気を右手（陽）から大地へアースするように流し出してください。相手の病の気は外に出ていき、自然に体内で治癒力が働きだします。やがて、その人の熱は下がり静かに「元の気」へと戻ります。

逆に、気力が弱っている人には、まず自らの下腹部の丹田《たんでん》で穏やかな気をつくります。そして、相手の体の冷えている患部（陰）を探し出します。その患部に今度は右手（陽）を添えて、やさしく呼吸を整えながら右手から、相手側に自分の気を送ってください。その人は再び「元の気」に戻ります。

お母さんの手当てで痛みが癒されたのも、この心温かな「気」が働いていたのです。

この療法は、私たち人間だけでなく動植物すべての生き物にも応用ができる気の世界です。たとえば、枯れかかっている花には両手で包むようにして、やさしい気を送ってください。花は元気に生気を取り戻し、美しく咲き帰ります。

この手当ては、近くにお医者さんがいない時にお薦めしたい、中国四〇〇〇年の「東洋療法」です。

どうぞ、お試しください。けして特別な技術ではありません。

誰れもが体に宿している『自然という名の神さま』が授けた癒しのパワーです。

(4) 合掌の祈り(神仏との和合の印)

宇宙の根源は一つの陰と一つの陽が融合し、一つの平和な世界が成立しています。その相思相愛の関係を太極(皇極)と呼んでいます。

天体の大宇宙も人体の小宇宙も、すべて陰陽の二大元気を備えています。つまり、左右の両手を合わせることで、陰(左手)と陽(右手)とが和合し、体内に流れる気がスムーズに調和します。必然的に気分は鎮静されていくという道理となっています。

古来、密教では仏さまの教えを自分の身体に具体化するという、修行をおこなっています。その一つに、手で印《いん》を結ぶ身密《しんみつ》という『行《ぎょう》』があります。その基本となる手印《しゅいん》が「合掌」です。

この合掌はインドで生まれた礼法で、仏さまと一緒になる約束の印であることから「契印《けいいん》」といいます。この契印の合掌は、私たちが日常で感謝の意を表わす時や、神仏にお祈りをする時におこなっている一般的な礼法です。

合掌は左手(陰)を「神仏」として、右手(陽)を「自分」と定めています。両手を合わせることにより「神仏と自分とが合体する」という宗教的な習わしです。なお、合掌の形には十八種類ほどもあります。とは言いましても、私たちは一つの合掌だけで十分に真心は通じます。

お母さんが赤ちゃんを両手で抱きかかえる姿には、陰陽の気の調和が美しく成立しています。曼荼羅図（胎蔵《たいぞう》曼荼羅）で見るように、お母さんの両手のやさしい気が、腕の中央（龍穴《りゅうけつ》）に抱かれている赤ちゃんへと集結されています。つまり、穏やかな環境がそこに存在しているので、愛する赤ちゃんはすくすくと元気に育ちます。

また、子どもと手をつなぎ散歩をする時も、左右の手をつなぎ合わせているので、陰陽の和合により親子関係には、穏やかな心の疎通が成り立ちます。仲むつまじい恋人同士も同様です。

このことは、世界中の人々が手をつなぎ合えば、平和な世界が約束される道理です。

ただし、握手の場合には注意が必要です。双方が同じ右手どうしで握手をするために、気の陰陽和合が成立していません。どちらか一方の強い気の人から、弱い気の人へとエネルギーが流れるか、または逆流するなどして心理的、生理的に影響をおよぼします。友好を深めるためには、相互で両手を握り合うスキンシップが望まれます。

お茶碗に両手を添えて一服をいただく姿には、陰陽和合の道理にかなった持ち方なので、安らかな状態へと心は導かれます。紅茶や珈琲も両手でカップを持てば、味覚も変わるはずです。そのようなお茶のひと時には、自然に感謝の思いが生まれてくるものです。

(5) オーラを見る(美しい生命エネルギー)

グーンと背伸びをして、天井に手を近づけても高いので、とても手は届きません。しかし、そのような努力をしなくても、実は、すでに私たちの体は天井に届いているのです。

私たちの人体からは、姿の見えにくい生命エネルギーが常に発光しています。その発光領域は、天井に届くほどの高さまで発散されているのです。その生命エネルギーを「オーラ=Aura」といいます。いわゆる「気の放出」の姿です。

オーラの語源はギリシャ語の「息」を意味する「アウラー」が由来となっています。息のような姿なので見えるはずはありませんね。

人間のオーラは、私たちの人体を取り巻くエネルギーフィールドです。そのフィールドは約2~3mにわたる広い範囲を、卵状の楕円形で私たちの人体をすっぽりと包み込んでいます。私たちは、まるで大きな「雪だるま」のようでもあります。ちょっと不思議ですね…。

オーラの歴史は古く、西洋では紀元前五〇〇年頃に古代ギリシャの哲学者ピタゴラスが創設したピタゴラス学派の文献に初めて登場しています。その書によると、自然界のすべての生き物の生命エネルギーの発光体（オーラ）は、人間の体に影響をおよぼして病気を癒す効果があると説いています。

日本では十七世紀中期、臨済宗の白隠《はくいん》禅師が七十三歳の時に書き上げた『夜船閑話《やせんかんわ》』に出てくる「軟酥《なんそ》の健康法」でも、オーラ（気）の世界が語られています。

また十九世紀中期には、クレオソートやパラフィンなどを発見したドイツの化学者カール・フォン・ライヘンバッハが、オーラのフィールド実験をしています。それによると、人体の生命エネルギーには、水晶に似た極性を生み出す力があることを解明しています。そして人体には磁石のような有極性が有り、人体の左側がマイナス極（陰）で、右側がプラス極（陽）になっていることを、発見しています。

オーラとは人体から放出される気の生命エネルギーです。一般的に、気といえば主に人体内部の生命エネルギーに用いられる事が多い用語です。

そこで便宜上、本書では人体から外部へ放出する生命エネルギーを「オーラ」と呼び、内部で活動する生命エネルギーを「気」と呼び分けて、述べることにいたします。

紀元前三世紀頃の中国では、すでに気の概念が暮らしの中にしっかりと定着していました。気はと考えています。この二極のバランスを、体内で調和させることを目的に考案された中国の療法が「鍼灸《しんきゅう》」です。

人体には、経絡《けいらく》という気の流れる縦と横の道（脈）があります。その経絡上には経穴《けいけつ》（ツボ）が約六〇〇カ所も存在し、そのツボに刺激を与えて自然治癒を促進させる療法が鍼灸の考え方です。つまり気の流れと血流の調和を図り、元の自然体に戻すという療法です。

一九九九年、世界保健機関（ＷＨＯ）は、鍼灸療法の基礎教育のガイドラインを確立させています。また二〇一〇年には、ユネスコが伝統中国医学として無形文化遺産に認定しています。目には見えにくい気の世界ですが、体内外に宿るオーラは、現在九十カ国を超える文化圏で認知されている、神秘的な気の世界なのです。

ところで、私たちの人体には七つのパワースポットが存在しています。そのスポットはチャクラ（車輪）といわれる「気」の出入り口です。鍼灸でいう経穴ではありません。

チャクラは、名前のとおり車輪のように常に回転を続けています。ヒンドゥー教のヨーガや密教のタントラ経典で説くチャクラとは、外界に流れる同じ振動数の波動と共鳴し、互いに引き寄せる特性があるといわれています。つまり、明るく元気なプラス波動に接すると、その波動に共鳴したチャクラは、そのプラス波動を体内に呼び寄せます。
また逆に、悲しみや憎しみなどのマイナス波動にも共鳴して、良からぬマイナス波動を、体内に呼び込み、私たちの人体をいたぶります。

古来、禅宗ではこの人体に宿る「気」の特性を理解していました。それを応用したものが「座禅」です。僧侶たちは座禅により、人体の七つのパワースポットのチャクラに、平穏な気を体内に呼び集める禅行をおこなっています。

もちろん座禅行をしなくても、普段の生活の中でもチャクラは働いています。たとえば、植物に接すると第二チャクラ（臍《へそ》下約10㎝）と第三チャクラ（臍と鳩尾《みぞおち》との中間）の窓から、植物のやさしい生命エネルギーが運ばれて、私たちの心は癒されます。また音楽や芸術に触れると、第七チャクラ（頭頂・百会）が目覚めて、右脳左脳が調和し約8ヘルツのアルファ波を放出することが認められています。

このように万有引力とは、物質界だけでなく精神世界でも相互に引き合い結ばれているのです。

なお、姿の見えにくいオーラですが、現代のコンピュータ機器で見ることが可能です。
一九三九年頃、ロシアのキルリアン夫妻が発明したキルリアン写真とCTスキャナー（コンピュータ断層撮影器）を組み合わせたEMRスキャナーによって、人体から発光するオーラを観察することができるようになりました。

それでは、私たちの生命エネルギーである『オーラ』を眺めてみることにいたしましょう。

このオーラは、誰にでも見ることが可能です。その理由は、言語が未成熟な乳児から幼児の間に、私たちはオーラを見ながら過ごしていた経験をもっているからです。その幼少期の記憶を取り戻すには、まずはさまざまな雑念を払い、オーラを見つめ探すのではなく、眺めるという感覚でオーラをとらえることがポイントになります。

まず、両の手のひらを胸の前で双方を離して、向かい合わせに構えてみてください。

次に、そっと目を閉じて静かな気持ちで両手のひらを、胸の前でゆっくりと近づけてみてください。20㎝ほど近づけると、向かい合った両手のひらの表面に柔らかな綿雲のような、少しピリッピリッとする感触を得ることができます。それが私たちの人体に流れるオーラ（エネルギー）の正体です。このオーラには色彩も存在しています。

感情の起伏による心理的なコンディションで、心臓の心拍数は変化します。当然、私たちのメンタル状態に応じてオーラの磁力も変化を起こします。同時に色彩も変わるわけです。

これが私たちの「人体オーラ」と呼ばれている実体です。

そもそも体の磁力は波形をもっています。激しく鼓動する心拍波形は、おおよそ長い波が特徴的です。長い波形は「赤色系」を現わしています。反対に、おだやかな感情時に発する短い波形は「青色系」を現わします。

つまり私たちのメンタル状態によって、放出される磁力波動は変化します。その変化にともなう波形に色彩が現れているのです。顕在意識を超えた潜在意識に眠る深層心理の状態が、放出カラーで判断ができるわけです。

この「オーラ」の特性は一九四〇年代にイギリスで研究が進められ、やがてアメリカをはじめ、世界各国で「アートセラピー」という芸術療法に使われています。色や音などの芸術的な心理作用にもとづき、病を治療するメンタル療法として広く周知されています。

詳しくは後述の第Ⅳ章・月の編でお話しいたします。

心臓の動き（運動エネルギー）は、体温という熱（熱エネルギー）へと変化します。そして体内には電気の流れ（電気エネルギー）が発生します。下敷きで頭をこすり、その下敷きを上げると髪の毛が静電気で引き上げられますが、この現象が「エネルギーの法則」を教えています。

つまり、心の動きは体外に放出するエネルギーの質や量、色彩にも変化をおよぼすことになります。オーラは私たちの心理的な動きを色彩表現しているのです。

愛深い穏やかな人のオーラは、それはそれは柔らかな美しい光に包まれています。その人がそばにいるだけで温かい平和な環境が訪れます。

その一方、見ることも耐えがたい、おどおどしいオーラも存在します。自らは気付かれてはいませんが、その人の心の本性はオーラがはっきりと物語ります。その異様なオーラに触れると不思議なことに花は生気を失い、たちまち枯れてしまいます。それほど激しいパワーを発しています。

宗教芸術でよく見る仏さまの「光背《こうはい》」やマリアさまの「後光《ごこう》」は、この生命エネルギーが発光するオーラを表現しているのです。当時の芸術家たちには見えていたのですね。

残念なことに、大人になると見えにくくなってしまうオーラの姿ですが、三〜四歳ぐらいの幼児にたずねてみると、色彩や形までもはっきりと教えてくれるので驚かされます。

このオーラは、私たち人間だけの特性ではありません。エネルギーの性質上、生きとし生ける物すべての生物は、オーラのメカニズムをもっています。花でも草木でも鳥でも、同じように常時、体の外に生命エネルギーを放出発光させています。

また、鉱物も例外ではありません。規則正しくリズムを刻む水晶（クオーツ＝quartz）や凝灰岩の大谷石などは、運動波形を長期にわたり放出し続けています。なお水晶石のオーラのパワー（水晶発振動）を利用している物が、クオーツ時計でもあります。

あの人と気が合う、気が合わないなどという心情の変化は、多分にこのオーラの接触がもたらす影響です。言葉をもたない犬や猫などが、相手のオーラの変動に応じて、尾を振ったり吠えたりしている様子もよく見かけることがあります。

すべての生き物に存在する気の流れは、陰（マイナス）と陽（プラス）の二極の関係で営まれています。その生理的、物理的性質を前提として私たちの心身があり、地球の自然があり、天空の宇宙があると、陰陽思想は語っているのです。

太極図

◉春（陽中の陰）
↓
○夏（陽中の陽）
↓
○秋（陰中の陽）
↓
●冬（陰中の陰）

＊陰陽循環の卍《まんじ》からなる左旋《させん》（陰）の順行を図案化しています

図に示すマークは陰陽を意匠化した太極図です。陰陽和合の気の流れの象徴図です。そもそもの根源でもあることから「円相《えんそう》」で表現されています。

(6) 夢幻のいたずら（金縛《かなしば》りや幽霊は迷信です）

困ったことに『気の世界』を語る時、よく『霊の世界』と誤解されることがあります。「気」と「霊」とは、似て非なるものであることをご理解ください。そこで、避けては通れない霊の世界を少し覗いてみることにいたしましょう。

ところで、私は恐ろしい悪霊に出会ったことがありません。ですから、その存在を信じることはできません。しかし、やさしい「聖霊」とはいつも楽しく語り合っているので、存在は明白です。聖霊とは今も大切な心の友としています…。

一九七五年、ベトナム戦争直後に、多くのアメリカ兵士が「金縛り」症状に悩まされるという、不思議な社会現象が起りました。そこで心理学者たちが真相の究明に乗りだしました。その結果、この金縛りの正体は心理的なナルコレプシー＝Narcolepsyの「睡眠障害」であることがわかりました。その原因は、重い社会不安や過度なストレスにより十分な睡眠が取れず、生活リズムが壊れたりすると発症することが解明されています。

金縛りとは、眠りから目覚めた時に、意識がはっきりとしているのに体が動かないという症状です。これを「睡眠麻痺」といいます。意識回路と運動機能のズレが原因で生じる、不思議な出来事だと考えられています。その時に視覚・聴覚・体性知覚による薄気味の悪い幻覚も現れ、その内容は実に生々しく不快感や恐怖感を覚えます。これを「入眠時幻覚」と呼んでいます。

ひと昔、海外でも金縛りは、生霊や幽霊、悪魔や妖精などの空想上の生き物が起こす、超常現象だと考えられていました。今でもアメリカ南部の一部の地域では金縛り現象をハグ＝Hag（魔女）と呼び、悪いことが起こる前兆だという迷信があります。しかし、金縛りは幽霊や魔物の仕業《しわざ》ではありません。

臨床の結果では、睡眠麻痺による障害の一つであることを解き明かし、現在は、メンタル療法も確立されています。

金縛りが起きている時、本人は目覚めていると認識しています。この時の脳波を調べると覚醒状態を示しています。ところが、筋電図を取ると筋肉はまったく緊張をしていません。つまり、意識は起きていても身体はまだ眠っているのです。

この金縛りの語源は、密教の「金縛法《きんばくほう》」が由来となっています。

金縛法とは、大日如来の使者として登場する不動明王が、敵や賊を身動きできなくする、密教の秘法として伝えられています。この物語が、よからぬ不可解な世界をイメージさせていたようです。

また、金縛り現象とは異なりますが「悪夢障害」も悩ましい問題です。悪夢が続いて睡眠障害を起こすという症状です。睡眠中の夢の物語は、すべて私たちの記憶情報から創り出されています。ですから、お化けや魔物ではありません。つまり悪夢は本人自身の経験知識の産物なのです。大人よりも子どもの方が悪夢を見る頻度は高いといわれています。六~十歳頃をピークに減少しますが、場合によっては生涯にわたり悪夢を見続けることもあるそうです。主な原因は、性格や精神的な心の傷、精神疾患や薬害によるものが知られています。

もしも金縛りを受けて幽霊が出現したら、それは「妄想の世界」とご理解ください。

日本の幽霊伝説の起源は、江戸時代中期にさかのぼります。お化けの創造主は画家の円山応挙《まるやまおうきょ》です。応挙は狩野派の石田幽汀《いしだゆうてい》に画法を学び、外来の写実法の影響を受けた有名な日本画家です。彼は精細な自然観察にもとづき新画風を開いた人です。その彼が、幽玄界の人物を描いた作品が「幽霊のモデル」となっています。彼の描写は夢に出てきそうな素晴らしく恐ろしい作品です。

彼の思い描いた幽玄界の人物像は、両手を上下にうなだれて足は描かずに、ぼかし絵に仕上げています。その描写が日本の幽霊の偶像となり現在に伝わっています。ですから、日本の幽霊と世界の幽霊とはスタイルが異なります。当然、日本の幽霊には足が無く、とても不思議な姿をしているのです。

日本にはいろいろな伝説がありますが、時にとんでもない世界を創造するのも人間の性でもあります。昔から俗信や迷信の風土文化はありますが、道理に合わない言い伝えや怪しげな話に妄信することだけは避けるべきです。妄想は必ず誇大化していきます。

ですから「金縛り」などの不可解な現象に遭遇しても、いたずらに騒ぐ必要はありません。私たちを悩ます社会不安の原因を探し出し、無用な心配事を心から取り除き、楽しい暮らしを心がけていれば、金縛りや幽霊などに出会うことはありません。一生懸命に「今日」を生きていれば神さまが素敵な「明日」をプレゼントしてくれます。

姿形が不明瞭な気の流れや、オーラの世界を考えると、どうしても奇怪な古典話に近づきますが、もとより陰陽説とはまったく無縁の世界です。

さて本題に戻ります。たとえばジャンケンなどの勝負事で相手の策略が読めたら、どんなに心強いかしれません。その手の内にある勝負の戦術戦略に、陰陽説が用いられていました。このような理由から、陰陽説は国家の戦略的な秘密事となり、影の歴史をつづっています。

紀元前三世紀の秦の国をはじめ、後世にも大陸で用いられていた陰陽説です。王権の基盤を支え国家を治める重要な思想として、陰陽思想の取り扱いは厳重に管理されていました。この陰陽説は他者に教えることを禁じた、門外不出の学問として秘史の道をたどっているのです。

他国との戦法のはかりごとに、また敵から国を守る城造りに、そして平和な都造りに、さらには国家安泰の祭りや王侯貴族の医療などにも広く陰陽説は用いられ、歴史の裏側で大きな貢献をしています。

この陰陽説の極意は「陰陽和合の理」の具現化です。すなわち、陰陽説とは異なる双方の調和を図ることで平和を構築するという、素晴らしい「平和思想」なのです。

二、陰陽五行の世界

陰陽説の理論をさらに進化させた思想に「五行説」があります。やがて陰陽説と五行説が一つの理論に合体されて『陰陽五行説』が誕生しました。

この新説は理論の完成度を高め、あらゆる分野の思想展開にも適用されていきました。この陰陽五行説の宇宙論は、さすがのコペルニクスもびっくりする東洋の英知です。

事の起こりは、今から約四二〇〇年前（古代中国、夏の国）の禹王《うおう》が、亀の甲羅の模様を見て悟りを得たと伝えられています。それでは空前絶後の大理論を見ていくことにいたしましょう。

宇宙間に存在する一切の物や事象を、中国では「森羅万象」といいます。

その自然界の万物（万象）は五つの要素から構成され、限りなく連なり（森羅）果てることなく一定の気の流れによって、循環を繰り返しながら、宇宙全体をつくりあげているという考え方を、「五行説」は教えています。

中国の戦国時代（紀元前四世紀頃）に鄒衍《すうえん》という陰陽学者が、禹王の説をもとに五行説を理論化したと伝えられています。その構成は『木《もく》・火《か》・土《ど》・金《こん》・水《すい》』で表現されています。この五つの構

木 木は火を生む
火 火は土を生む
土 土は金を生む
金 金は水を生む
水 水は木を生む
五行の循環思想図

成要素が、気の流れを不変的に循環させている「五行の法則」であると説いています。

たとえば、気の流れは『木』の生命を誕生させます。やがて秋を迎えると木は美しく『火』のように紅葉していきます。落葉した枯葉は静かに『土』へと姿を戻します。そして土は肥えたミネラル『金』という鉱物に進化していきます。豊かなミネラル土壌は、やがて『水』に溶け込みます。栄養分を備えたミネラル水は、再び大地の『木』を元気に育てていきます。

この一順の流れが自然界の摂理であり、五つの要素に気の流れる方向を定め、あらゆる事象に五つの要素を当てはめていったのです。五つの要素に気の流れが生じて、万物の営みが摂理をつくりだすという考え方です。

五行の流れ、すなわち『木↓火↓土↓金↓水↓』の流れを「相生《そうじょう》」といいます。この順行を、誕生と平和の流れる姿と定め輪廻《りんね》思想ができあがりました。この流れを図にすると「円相《えんそう》」

になります。

一方、この逆の流れが存在します。それが『水《すい》↓火《か》↓金《こん》↓木《もく》↓土《ど》↓』の流れです。この流れを「相剋《そうこく》」といいます。

たとえば『水』を浴びれば『火』は消えてしまいます。火を受ければ『金』は溶けます。金属の道具で『木』は倒されます。木は大地の『土』を押しのけ成長します。そして土は流れる『水』を飲み込んでしまいます。この気の流れが、それぞれの要素を滅却させるという考え方です。この逆行を、闘争と滅亡の流れる姿と定め、戦術や戦略の思想ができあがりました。この流れを図にすると「五角形の星」になります。つまり「相生」は誕生と平和の理論として、そして「相剋」は闘争と滅亡の理論として二極は陰陽で区別化され、平和を守る相生思想（円相）と、戦いに勝利する相剋思想（五星）が、ここで誕生しました。

五行相生図

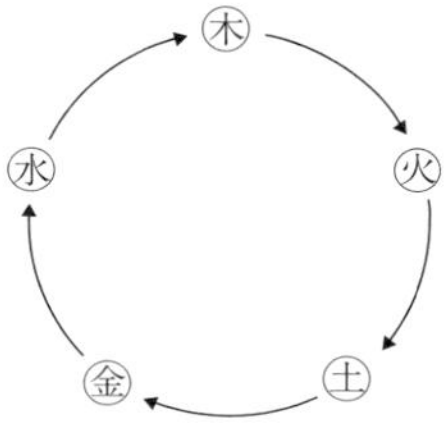

五行相剋図

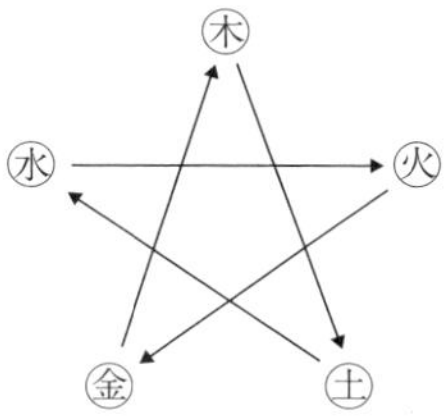

(1) 陰陽師は軍師（戦わずして勝ちを得る）

この陰陽五行説を用いて歴史的に功績をあげたのは、中国三世紀の『三国志』に伝わる劉備《りゅうび》の参謀であった諸葛孔明《しょかつこうめい》です。孔明の軍師としての活躍は、単に軍事の戦いを指揮するのではなく、天文学や占星術を用いて祭りにはじまり、政治や経済などにも陰陽思想を駆使した点です。

そして、この戦術思想は日本の軍事にも用いられています。

あまり良い例とはいえませんが、一五五三年に日本の戦国史上に残る「川中島の戦い」がありました。なんと十二年間に五回にもおよぶ稀にみる大激戦でした。この戦いが長期戦になったのには理由があります。それは同じ陰陽道の「相剋論」を用いた軍師同士の戦いであったからです。

上杉謙信側の陰陽師・宇佐美定満《うさみさだみつ》と、武田信玄側の陰陽師・山本勘助《やまもとかんすけ》は、ともに同じ戦法を知りつくした戦術家同士です。策が堂々巡りして、勝敗に決着が付くはずがありません。

両名は軍師としては功名を立てましたが、本来の陰陽師としては明らかに失策です。なぜ和睦《わぼく》の「相生論」を武将に進言しなかったのでしょうか。まったく無益で、悲しい争いを続けてしまいました。陰陽道は、言うまでもなく「平和思想」が原点であり、戦わずして勝つ戦法が基本です。戦国の世にあって日本全土を俯瞰《ふかん》すれば、早々の和睦戦略が天下取りに最も善策であったことは、歴史が教えています。

また一六一五年五月、徳川家康が豊臣家を滅ぼした名高い戦いがあります。世に言う「大坂夏の陣」です。

この歴史の悲劇は、二十二歳の若い豊臣秀頼《ひでより》をはじめ戦《いくさ》の経験が少ない重鎮が、軍師の戦術を聞き入れずに不毛の戦いを続けたことが、敗因だと後の世に語り継がれています。真田幸村《さなだゆきむら》の交戦も虚しく、栄華を極めた豊臣家の歴史は無残な最期の幕を閉じています。

平成の現代でも、東洋の政財界のトップ陣は、軍師をそば近くに常備しています。そのような理由で、お茶の世界が政治家や企業経営者にとって、運営上の戦略戦術を考えるうえで欠かせない『帝王学』となっているようです。このお茶が「陰のお茶」と呼ばれているものです。

陰陽は「月・日」です。五行は「木・火・土・金・水」です。お気付きのように、陰陽五行説は世界で共通に使われている一週間の「曜日」にも当てられています。

お茶の世界でも、五行説に基づいて道具組みから点前の作法にいたるまで、規則正しく制定されています。お茶道具の素材は木製・金属製・土製・炭の火・湯の水と、五行に準じて組み立てられています。そして五行の摂理にしたがい道具をしつらえて、万物に平和な「気」を届けようと神仏に祈りながらお点前をおこないます。この一連の姿が、茶道の隠れた奥義とするところです。

(2) 曼荼羅の風景（愛と平和の絵図）

お茶の作法には諸々複雑な決め事がありますが、その作法には崇高な奥義が息づいています。お点前で「左だ、右だ」とこだわる理由は、この本意によるものです。

お茶の基本点前に「台子《だいす》の点前」があります。道具は「木・火・土・金・水」の五種類の素材で構成されています。道具の配置は、台子の天板と地板の上下に相生方位に、それぞれの道具類が、据えられています。この配置で五行説の気の流れを定めているわけです。

摂理にかなった、それらの道具を用いて「陽」の主人が「陰」の客人に北斗七星（柄杓《ひしゃく》星）を意味する竹の柄杓で湯を汲みあげ、宇宙の気の順行にしたがってお茶を点てます。

「天地の和合」と「陰陽五行の和合」の理を茶室空間に築きあげ、平和な気を集結させているわけです。主人は北斗七星の規律性にしたがい、神聖なる不動の北極星をよすがとして、秩序正しく「五行相生の流れ」により、お点前を展開します。

台子の基本点前から見えてくる風景は、森羅万象を包含した素晴らしい宇宙空間です。

天・地・陰・陽・五行（木・火・土・金・水）の要素を、すべて合わせると「九」になります。そこに人間が加わり「十」となり完結します。そして森羅万象が台子点前で和合して、平和の訪れがあるのです。

それを象徴した姿が「曼荼羅図」です。沖縄の首里城や京都の平安京、そして江戸の都市計画にも用いられている曼荼羅の宇宙を、この小さな茶室空間に確立させているわけです。

自然界の「気」の流れを一カ所に集結させ、それらの気を調和させることにより聖域を創り出すという曼荼羅思想は、体に流れる「病の気」を「元の気」に鎮める医術や宗教の経典、神社仏閣の建設、都造りや庭園造りなど、さまざまな分野に適用されています。

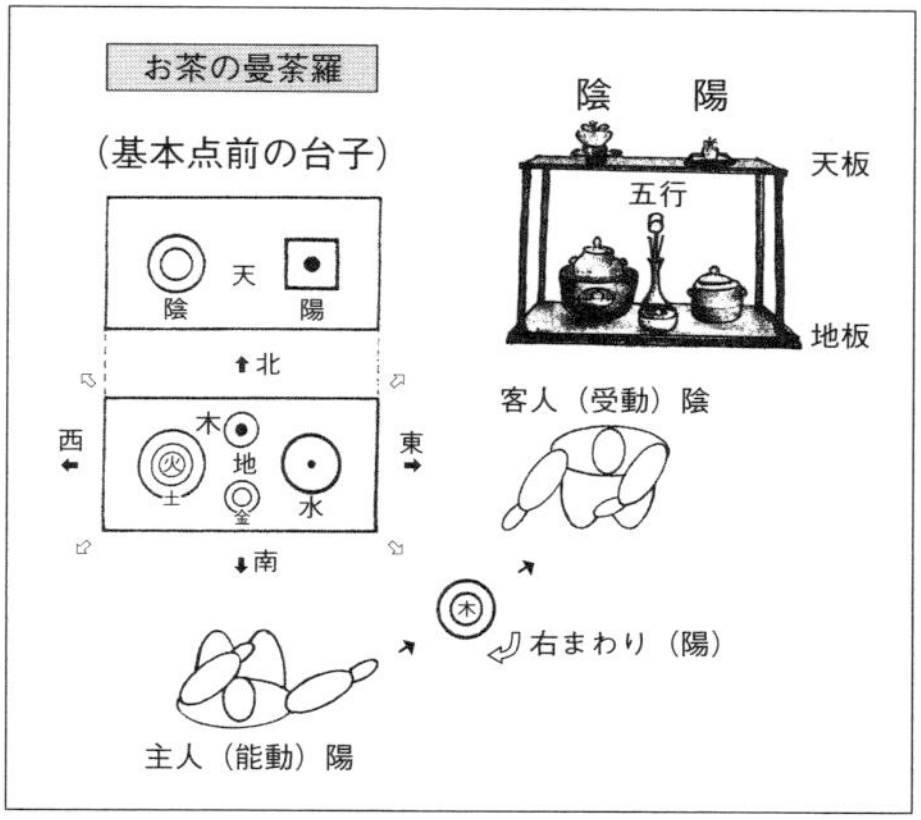

曼荼羅とは、天地・四方（東西南北）から流れる自然界のパワーの方向と性質を、図式化し、宇宙の構成（金剛界《こんごうかい》曼荼羅）と人体の構成（胎蔵界《たいぞうかい》曼荼羅）により世界の秩序と平和を説いています。
ところで曼荼羅で説く自然界のパワーとは、どのような姿をしているのでしょうか…。
たとえば鍾乳洞の風景を思い浮かべてみてください。

その洞窟には炭酸カルシウムが水に溶け一滴ずつ沈殿し、氷柱《つらら》のように規則正しく、下方向の直線美を造形させています。

一方、鍾乳洞の姿とは逆に、冬の霜柱は上に上にと天の方向へ昇っていきます。これらの風景からわかることは、引力の力（気）が「上下」に働いているということです。

また、冬の小雪は美しい『正六角形』の模様をつくり、天から舞い降ります。

この現象は、地上から離れた空間では一つの核を中心に、六方向から気が働いていることを教えています。これらは、自然界の気の性質を美しいフォルムで、私たちに知らせているのです。

太古の人々はこのような自然界の不思議な気の働きを読み取り、俗世を超えた世界を曼荼羅図として表現していったのです。

私たち現代人は見えない物を観たり、聞こえない物を聴いたりすることを不得手としていますが、先人たちは生活の中に大自然を取り入れ、豊かな精神世界を見つめていたようです。

当時の宗教家たちは、宇宙を取り巻く不思議な「気」の働きを、人智を超えた神の世界であると神話化し、そして経典化し、また儀式化し、さらに芸術化しながら自然界の平和が教える摂理を、わかりやすく大衆に伝えています。

私たち人間は、自然界の中から生まれてきました。ですから、難しい話や神儀的な説法を超えた領域で、気が織り成す美しい自然力学の実態を、容易に感受することができるはずです。新しい平成のガリレオやニュートンが現れることを期待するところです。

平和とは気の流れの調和を意味します。その姿は雪の結晶のように無駄がなくシンプルな美しさを備えています。そして、私たちは本能的に美しい平和な安らぎの世界を求めています。

しかし、世界の各地では戦禍のニュースが絶えません。文明社会が私たちの本能を弱化させているのでしょうか。人類の生存本能には、平和な共同生活の渇望が潜在しています。人々の差別や、争いなどは、人類が生きていくうえでまったく無意味な出来事です。

私たちはあらためて美しい自然から、生きる真の姿を学びなおす時代を迎えています。

三、神秘な気の世界

「気」や「エネルギー」などの目には見え難い物は、いつの時代にも情報は不確実にならざるを得ません。実態を見定めるのに困難をきたすからです。

そこで、解釈のイメージとして磁石の「磁気」のようなものだと、ご想像ください。

テレビの娯楽番組などで、よく超能力が話題になっています。気の世界とは、通常の能力から離れているという意味では超能力の領域になるのかもしれません。しかし、人を驚かせるマジックやトリックとは、まったく別次元の世界です。

一般的に私たちの視力検査では二・〇を上限値と定めています。ところが、アフリカの未開地に暮らす人たちは、はるか彼方を見通せる五・〇以上の望遠鏡のような視力をもっているそうです。また、オーストラリアの先住民の一部の村では、テレパシー＝Telepathyを電話機のような伝達手段に用いて、現在も狩猟生活をしていると報道されています。

超能力とは、原始能力ともいわれる動物に宿された「生存本能」の潜在パワーなのです。けして不可思議な特殊能力ではありません。

幼児体験でもわかるように、生後三年ほどで難解な母国語をマスターするのですから、幼児の学習能力は超能力の何ものでもありません。現代の私たちは、いつ頃かどこかに置き忘れてきた能力なのです。

神さまからの授かりものですから、心の中を探せば必ず見つけ出すことができる、私たちの生存本能です。

生物進化の過程で失った形質が、突然、子孫に現れる「先祖返り」という現象が、医学的に認められています。たとえば、隔世《かくせい》遺伝なども一例といわれています。

古くご先祖をたどれば、私たちのＤＮＡに太古シャーマン＝Shaman の遺伝子が存在していても、なんら不思議なことではありません。

それでは神秘に満ちた「気」の世界にご案内いたします。

(1) 天空の気（太陽と九人の子どもたち）

『天』という文字は、『二人』という2つの文字が合体して生まれています。

それほど昔から、天空と私たち人間との関係は、深いつながりをもっているのです。

本題の「気」の世界を知るうえで、まず宇宙の全容を見ていくことにいたしましょう。

「太陽」は約六〇〇〇度の高温で燃え盛る、巨大なエネルギーをもったガスの球体です。

その熱は、水素爆発を続けている状態で、水素がヘリウムに変わる核反応により高熱と光を発生させています。

そして地球の私たちに、さまざまなエネルギーを運び続けています。太陽のコロナから放出される太陽風をはじめ、夏に日焼けをする紫外線、熱波の赤外線、また可視光線は私たちに美しい七色の虹を見せてくれます。そのほかにも、電波や地磁波、宇宙線、また電気をもった小さな粒子なども地球へ届け続けています。この帯電微粒子は、南北両極の近くに神秘的なオーロラを浮かべています。

その太陽を中心に、九つの惑星（水・金・地球・火・木・土・天王・海王・冥王）が規則正しくエネルギー運動をしています。つまり、この天空に浮かぶ星々の秩序ある運動エネルギーが、宇宙の生命エネルギーという『天空の気』です。

なお二〇〇六年八月、ディズニーのマスコット「プルート」で親しまれている「冥王星」は太陽系の九番目の惑星でしたが、新しい惑星の定義により準惑星に降格となりました。しかし、本件においては大きな問題ではありません。

太陽に愛された九人の子どもたちは、大空のはてで美しい友好を保ち続けています。

天の生命エネルギー

月　：1周1カ月（約30日）太陰暦
地球：1周1カ月（約365日）太陽暦

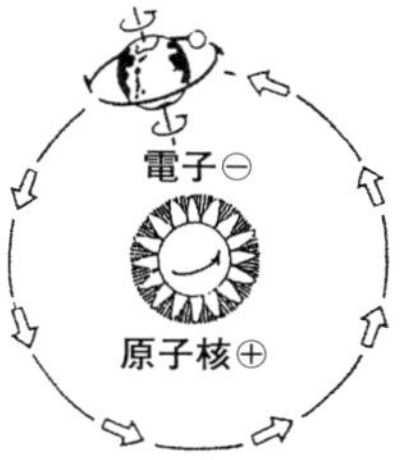

地球：左回りの自転
超音速（約1,700km/時）

(2)　大地の気（月は地球の愛しい娘）

私たちの「地球」は、約三六五日をかけて太陽の周りを一周（太陽暦）しています。

この「公転」の速度は、時速約10万km（秒速30km）という信じられない猛スピードで、今も勢いよく回転を続けています。

その地球の周りを、月の衛星が約三十日で一周（太陰暦）しています。

このように活動する宇宙の中で、地球自体もじっとはしていません。南北を結ぶ地軸を中心に、西から東へ左回り（左旋）で、一日かけて一回転の「自転」を続けています。

ですから太陽が東から昇り、西に沈むという解釈は誤りです。実際は、地球が太陽の東側に回り込んでいるので、あたかも太陽が東から昇るような錯覚を、私たちがいだいているのです。

地球の自転速度は、なんと時速約１７００kmの超音速のスピードです。この速さにはとても実感がわきません。私たちが立っている大地は新幹線の七倍以上の高速で、今も回転を続けているのです。この超スピードの動きが、ダムの水力発電機のような働きをして、大きな磁力を作り出しています。また同時に、大地の下ではマントルが高温活動により激しい対流運動を起こし、大地に磁場を発生させています。

つまり、これらの地球の運動エネルギーが、大地の生命エネルギーという『大地の気』です。

ところで、月の岩石と地球のマントルの化学成分がよく似ていることで、地球と月との関係は、親子説（娘説）が有望視されています。すなわち、月は地球の愛しい「娘」なのです。

毎夜、狼が月を見上げて鳴いているのは、娘恋しさなのかもしれませんね…。

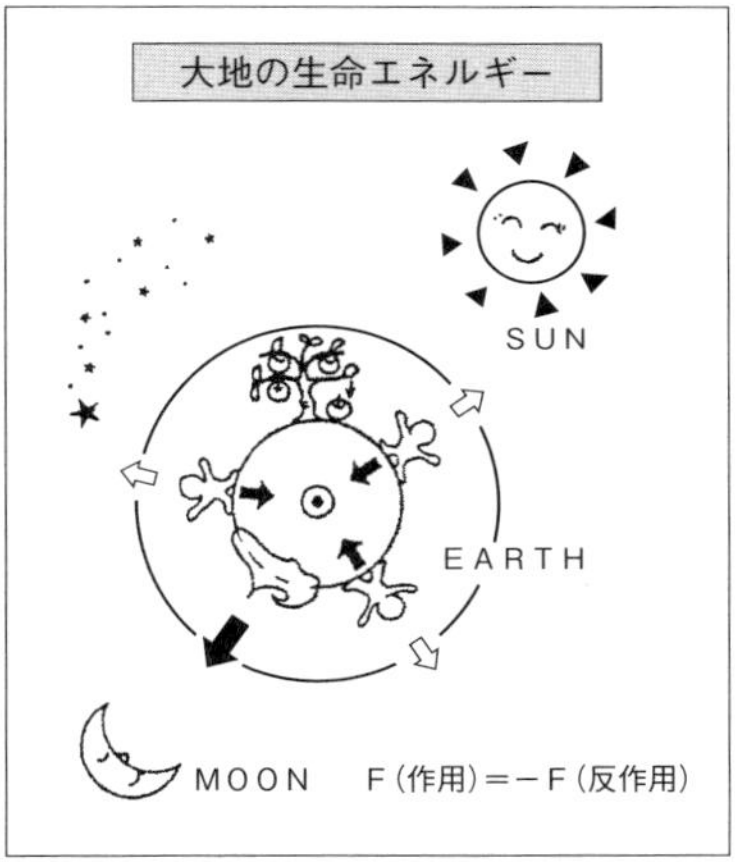

(3) 人体の気（遺伝子のメッセージ）

天空の気、そして大地の気と続き、いよいよ私たちの命を育む「人体の気」の世界に進みます。それでは小宇宙ともいわれる、神秘的な私たちの人体のミクロの世界を覗いてみましょう。

私たちの体は、膨大な数の細胞で構成されています。重量1kgに対して約一兆個の細胞が存在すると考えられています。体重が50kgの人であれば、約五十兆個の細胞で体が作られている計算になります。

とても不思議なことに、この細胞の一粒ずつには、まったく同じ遺伝子がセットされています。同じ遺伝子は「私は眼になる、私は骨になる」と役割分担を決めて、身体の全体を作りあげています。そして、この遺伝子は生殖細胞を通じて、親から子へと大切な遺伝情報を伝えています。このメカニズムは私たち人間だけでなく、地球上の動植物はすべて同じ形態により、独自固有の遺伝情報を子孫につなげているのです。つまり蛙の子は、立派な蛙になるのは当然の摂理なのです。

時々、テレビなどで遺伝子とＤＮＡ（デオキシリボ核酸）を同じ意味に使っていますが、それは誤りです。遺伝子とＤＮＡは「音楽」と「録音テープ」のような関係にあります。

一九六二年、イギリスのフランシス・クリニック博士が発見した二重螺旋構造のＤＮＡとは物質の名称です。ＤＮＡは、情報（音楽）を記録する媒体（録音テープ）のことです。

そして遺伝子（音楽）とは、ＤＮＡ（録音テープ）という物質に刻まれた生物情報の設計図で、バーコードのような情報配列をして一人ひとりがすべて異なっています。ですから、指紋のように個人の識別ができるということです。

ＤＮＡは二本一対のテープが螺旋状に形成され、四つの塩基（アデンＡ・チミンＴ・シトシンＣ・グアニンＧ）の遺伝情報がインプットされています。そして電位変化（気）により相互が情報交流をしています。この一粒の細胞内にある遺伝情報が、私たちの生命に関するすべての情報を網羅しているわけです。

また、一粒の細胞の核に含まれる遺伝子の基本情報量は、約三十億と考えられています。目がくらむような天文学的な情報量で、私たちの身体が活動しているのです。

さらに驚くことは、実際に働いている遺伝情報は、全体のわずか５％程度であるということです。つまり私たちの能力は、まだ95％が眠っている状態にあるのです。

全遺伝情報の５％で生活をしている私たちが、日常で難しい、苦しい、悲しいなどと言っているに過ぎないのです。このように許容量を知ると、私たちはいかなる物事に対しても、諦めるにはあまりにも早計なことがわかります。全能の5％では挫折することなど考えがおよびません。生命の可能性は無尽蔵です。この偉大な「一粒の遺伝子」が、ミクロの気の世界なのです。

私たちの体は、とても神秘に満ちています。

体の中に、時を告げる時計がセットされているのです。これを「体内時計」といいます。私たちは朝を迎えると無意識に目を覚まし、日中は心と体を元気に活動させています。夜になると休息を取るために、安らかな眠りにつくという生体リズムをもっています。

この体内時計は、脳の視交叉上核という所の時計遺伝子の働きによるものです。毎朝、太陽の光を浴びると、この遺伝子がリセットされて私たちは目覚めます。これが親時計です。そして、すべての臓器に「朝だよ」と連絡をします。連絡を受けた各臓器の子時計は、太陽の光ではなく食事によって各時計をリセットさせ全身が目覚めるという仕組みです。ですから朝食の習慣はとても大切なのです。

産まれたばかりの赤ちゃんは、まだ時計をもってはいません。ですから二〜三時間ごとに目覚めてはミルクを飲んで、また眠ります。生後三〜四カ月で体内時計はセットされます。それまでお母さんはとても大変です。赤ちゃん以上に泣いています。時々、お父さんも泣かされています。それでも良いのです。泣いて育てた子どもが、やがて大きな「宝物」となるのですから。

私たちの体内には、活動期と休息期を合わせて三種類の生体リズムが存在しています。アメリカの生理学者フランツ・ハルバーグは、生体リズムの二十五時間周期を「サーカディアン・リズム＝Circadian Rhythm」と名付けました。

不思議なことに生体リズムは、地球の自転の二十四時間と一時間の時差があります。そのために毎朝、私たちは体内時計を一時間リセットする必要があります。

この時差の一時間は、過去の地球がゆっくりと二十五時間をかけて自転していたことを教えています。私たちの遺伝子が当時の様子を記憶しているからです。ちなみに四億年前は二十一時間でした。つまり太古の遺伝情報を集積しながら、私たちは現代に生かされているわけです。

また十二時間周期を「サーカセメディアン・リズム」、そして九十分周期は「ウルトラディアン・リズム」と呼んでいます。この三種類がちょうど重なり合う時間は、真夜中の三時前後となります。古風な時刻でいうと、草木も眠る「丑三《うしみ》つ時」の頃です。

私たちの集中力が続くのは「九十分」が限界だといわれていますが、その理由は、九十分周期のウルトラディアンによるものです。ですから長時間の勉強や仕事での残業などは、生理的に無理があり、効率を考えると成果はみこまれません。

なお、一日より長い周期リズムは「インフラディアン・リズム」といい、女性の月経などがこの周期といわれています。

体内時計は、生命を活動させるために必要な、最も基本的な必須機能です。

地球は二十四時間周期で自転をして昼と夜を交互に届けます。この環境リズムに適応するために、すべての動物や植物、微生物などが生体リズムをつくる体内時計をもっています。

地球上のあらゆる生物は、地球の自転や太陽、月などの天体が運ぶ波動リズムと同調するために、数十億年をかけて宇宙リズムを自らの体の中にコピーをしました。

この時計を獲得できなかった生物種は、子孫を残すことができずに絶滅したと考えられています。ところが、この大事な宇宙の秩序を無視して生体リズムを乱している生物が、地球上に一種類だけ存在します。それが私たち人間です。

この体内時計のリズムが乱れると、心身の代謝・体力・思考の低下が起こります。夜のパソコンの発光画面などは、生体リズムを狂わせる大きな原因の一つといわれています。情報化時代の現代には特に注意が必要です。思わぬ出来事を誘発させることにもなります。

また、私たちの重要な器官である心臓は、約三〇〇〇億の遺伝子情報でポンプ活動をしています。体重が50kgの人であれば、約三・八リットルの血液を一日十万回ほどの心拍運動で体内に送り続けています。

心臓が鼓動（運動エネルギー）し、全身に血液を運んでいます。そして体内では物質代謝がおこ

宇宙と人体（物質）

【宇宙】	銀河系 ➡	太陽系 ➡	［ 太 陽（陽）	＋	惑 星（陰）］➡	自転して磁力を発生
↕	↕	↕	↕		↕	↕
【人体】	分 子 ➡	原 子 ➡	［ 核（陽）	＋	電 子（陰）］➡	スピンで磁力発生

なわれその結果、体温として熱（熱エネルギー）を発生させています。その熱はやがて電気エネルギーに変わるという循環システムをおこなっています。

図に示すとおり、人体を構成している細胞内には分子（銀河系）があります。その分子の中には原子（太陽系）があり、さらに原子内には陽極の核（太陽）と陰極の電子（惑星）がスピーン（自転）をしながら磁力（電気エネルギー）を形成しています。この人体の細胞内の運動が天空の星々の運行に酷似しているので「小宇宙」と呼ばれているわけです。

つまり、体内の秩序あるこれらの運動エネルギーが、人体の生命エネルギーという『人体の気』です。

天空、大地、そして人体の「三つのエネルギー」による三位一体の相関が、昔の人々が語る『天・地・人』の生命エネルギーの考え方です。

江戸時代の華道では、生け花の基本の役枝《やくえだ》となる、三本の枝の呼称として天・地・人を用いて、それぞれの花に生命の位置づけを定めています。

ところで、太陽が雲に隠れたら大地に届く光の量に変化が起きます。しかし、そもそものエネルギーが減ったわけではありません。

一八四〇年代、ドイツの物理学者ヘルムホルツやイギリスの物理学者ジュールたちが確立した「エネルギー保存（恒存）の法則」の理論です。

この法則は、外部からの影響を受けない限り、内部でどのような物理的、化学的な変化が起こっても、全体のエネルギーは不変であると説かれた物理学の根本原理です。この理論は、広い分野に科学的な業績を残していることで知られています。

たとえば、庭の桜の小枝を切れば、その小枝の姿は当然無くなります。しかし、その中で育んでいた根本的なエネルギーが無くなったわけではありません。つまり小枝の姿が消えただけで、小枝のエネルギーはその場所に残っています。それによって磁場に変化が起きるのです。姿を失った桜の小枝の磁力は、行き場所を失い周囲の草木に影響をおよぼすことになります。

ですから、家を建てたり庭木を植えたり、岩や池などの造園をする場合には、大地に磁場の変化が生じます。当然、人体の生命エネルギー（磁力）にも異変磁場は影響をおよぼします。時に身体に変調を生じさせることもあり、大地の気に触る時にはとてもデリケートな対応が求められます。

(4) 田中元首相と屋根裏（神事の飾り付け）

一九八〇年、若き日の出来事です。

私は、田中元首相が住まわれている目白邸の、天井裏に入る機会がありました。

都内文京区目白に田中角栄元首相の自邸（約二六〇〇坪）がありました。世にいう「目白御殿」です。当時は政財界の要人が常時ここに訪れていたので「目白詣《もう》で」とも言われていた場所です。その邸宅の天井裏に私一人で入ることになりました。建築を修学していた私に、屋根から雨漏りがするので調べてほしいという相談でした。

早朝の政府連絡会議を終えた高官のみなさんが去る中、応接間の点検口から梯子《はしご》をつたい天井裏に入りました。その時、私の梯子をおさえていた方が、他ならぬ田中角栄元首相です。その横で、葉巻を燻《くゆ》らせながら見守っていた方が、二階堂元官房長官でした。

日本初の輸入米材で建てられた天井構造は、驚くべき迷路の世界でした。その暗闇でおごそかな幣串《へいぐし》に出会った思い出があります。当時の記憶はおぼろげですが、現在でも棟上げ式などで幣串に魔除けの五色幣束《ごしきへいそく》を鬼門方位に立て、難除けをおこなう祭事があります。

棟札には火難を払う「炊《すい》」という易卦《えきけ》の印を刻み、左側には防火の神「五帝龍神《ごていりゅうじん》」を、右側には防水の神「罔象女神《みつはのめのかみ》」を掲げ祀《まつ》るという古い習わしが現存しています。

おそらく、私が目白邸の暗闇で見かけた風景が、難除けの飾り付けだったと思われます。

それはともかく「目白の闇将軍」といわれた元首相でしたが、若い私にも分け隔てなく、やさしい心遣いをいただいた「オヤジさん」との数々の思い出が、今も心に温かく宿っています。

古来、住居の環境を変える場合には、施主や建設業者に「異変磁場」の影響がおよばないように配慮した特別な儀式があります。神道では「地鎮祭《じちんさい》」で難除けをしています。また仏道（密教）では、新宅を造る時には「安鎮法《あんちんほう》」、新宅へ移転する時には「鎮宅法《ちんたくほう》」の儀法で大地のエネルギーの安穏を祈願しています。このようにして天空や大地のエネルギーと、人体のエネルギーの調和を心がけていました。

ところで、私たちが病気になると、人体のエネルギーに異変が起ります。しかし、根本的に生命エネルギーが減ったのではなく、エネルギーの流れが滞ったに過ぎません。天地のエネルギーを用いて整えれば、人体は元の気に戻ります。

たとえば、皮膚の切り傷はやがて以前にも増して、丈夫な皮膚で自らを修復します。突き指で痛めた関節も、前よりも太く頑丈な指になって治癒します。これは欠損した部位のバランスを、生命エネルギーが整えた結果です。

生命エネルギーとは、私たちの体を守るやさしいお医者さんです。もしも視力が弱くなったら、それまで目に使われていたエネルギーが、どこか他の場所に移動して元気に活動しています。そして新たな可能性をもたらすのです。視力が弱くなったらその分、聴覚が以前にも増して多感に働いてくれるのかもしれません。この作用が生命エネルギーのバランス維持の姿です。ですから人体のコンプレックスは無用です。天地の力は常に万物に平等なのです。

たとえ、鳥のように上手に歌えなくても心配はいりません。鳥のように大空から眺める力をひと一倍もっているのかもしれません。静かに自分の可能性を見つけ出してみてください。

生命エネルギーの「気」とは、いったいどのようなものなのでしょうか。

この謎解きは、感性豊かな先人たちにとっては大変に興味深い世界であったようです。

世の中で死別ほど悲しい出来事はありません。その別離した人の魂（気）は、いったいどこへ行くのだろうか…。失った人を探す悲しみから、人々は神聖な場所へ旅立つものだと思いを巡らし、やがて夢のような思想が生まれていきました。その思想は体系づけられ説話となり、多くの人々が共有する荘厳な神話となっていきました。

(5) 霊魂の否定説(お釈迦さまの伝道)

夢の無いお話になりますが、仏教開祖のお釈迦さまは「天国や地獄、さらに霊魂も、この世には存在しない」と、弟子たちに説法しています。ちょっと驚きます…。

お釈迦さまは『死』は『滅』であると説いています。すなわち死後の世界は、有り得ないということです。

死後の世界が登場したのは、お釈迦さまが永眠された後の出来事です。天国や地獄伝説も、後人がお釈迦さまの説に自説を加える「加上説《かじょうせつ》」から生まれています。

また、お釈迦さまは「葬儀」とも、まったく無関係です。奈良時代までに日本に伝わった仏教宗派は今でも葬儀は一切おこないません。たとえば、奈良の法隆寺、東大寺、興福寺、京都の清水寺などは、そのようなお寺です。

そもそも、葬儀とは儒教の礼法の一つです。中国では紀元前から儒教の葬礼により、死者の魂をあの世へ送り出す習わしがありました。

現代の葬儀などで、お坊さんの読経を聞いていますと「仏説《ぶっせつ》～」と必ず始まります。仏説とは「お釈迦さまが言った」との意味ですが、お釈迦さまはそのようなことを言ってはいません。後の信徒が創作した経典であり、その人たちが作り出した葬儀の特殊様式でもあります。天国や地獄そして霊魂は、儒教をベースにした中国仏教が創作した世界観なのです。それが日本に渡ってきました。

お釈迦さまは「生の悟り」を、すべて口伝《くでん》で弟子たちに語り伝えています。そのお釈迦さまは、一冊の経典も書き残してはいません。お釈迦さまが永眠した後に、信徒の中から文士が選ばれ経典を作成していきました。当のお釈迦さまは『死後の世界は存在しない』と、インド各地を巡り伝道をしているのです。釈迦仏教と現代仏教とは、かなり異なる死生観となっているのです。つまり、美しい極楽浄土や恐ろしい地獄も、後世の仏教信徒たちの想像が加わった夢の世界なのです。

お釈迦さまは、当時、インド民衆の悩みであった「生老病死の輪廻」の断ち切る方法を求めて、修行に入りました。そして苦行の末に、輪廻から抜け出す道を悟られました。それは、この世とは別の世界に心を運ぶことでした。ただし、輪廻を断つといっても別世界に旅立って輪廻から抜け出すのではなく、あくまでも精神的な考え方で、執着心を断つことであると説いています。

次のようなエピソードが残っていると、釈迦仏教に造詣の深い村井正三さんにうかがいました。

ある時、弟子のマールンキナ・ブッダが、お釈迦さまに「死後の世界はあるのでしょうか」と、質問をしたのだそうです。

お釈迦さまは「たとえば今、君が毒矢に撃たれたとしましょう。その時、君は誰がどのような毒で射ったのか、その毒の種類は何かなどと詳しく調べるより、まず体に刺さった矢を抜くことが、先決だと思いませんか」と、愚問に答えたといわれています。後世の仏教では、このことを無記《むき》といい「答えは無い」という格言にしています。お釈迦さまは八十歳でこの世を去りましたが、死後の世界を語ったのは、この一度だけだったといわれているそうです。


また、お釈迦さまは、あの世に行くはずの『霊魂』の存在も否定しています。この霊魂否定の根拠は、お釈迦さまがバラモン教の教えを否定したことにあるといわれています。

仏教では、私たち人間は五蘊《ごうん》から成り立っていると説いています。

つまり五つの要素『色《しき》（肉体）・受《じゅ》（感じる）・想《そう》（思う）・行《ぎょう》（意思）・識《しき》（判断する）』が互いに関係し合い、人間が創られていると考えられています。

たとえば、五つの要素の一つである『色（肉体）』が消滅すれば、ほかのすべても連動して消えて無くなるのは当然のことです。つまり魂など残るはずがありません。お釈迦さまの『霊魂否定説』は、このような仏教観念によるものです。

そして、仏教では生と死は切り離されたものでなく、一体（一如《いちにょ》）と考えています。亡き人を拝みこそしますが、けして穢《けが》れとはあつかいません。ですから、亡くなった人を清めることなど何も必要の無いことです。現代の葬儀で清酒を飲んだり、お清めの塩を振りまいたりする行為は、本来の仏教作法ではありません。塩のお清めは、宮司のおこなう神事であり、僧侶の作法とはまったく無縁の儀礼です。

とは言え、私たちの日本では奈良時代から「神仏習合」という、神さまと仏さまへの信仰をおおらかに融合調和させています。私たちは「神の子」であり「仏の弟子」でもあるわけですから、大きな問題ではないのかもしれません…。

古代釈迦仏教の特徴は、キリスト教やイスラム教のように絶対的な力をもつ「神」が存在しないことにあります。神さまが居ないので大変です。そこでお坊さんたちは、戒めを守り正しい生活を過ごしながら、生死の問題を考えるために禅定《ぜんじょう》をおこなっています。この禅定とは、現代の座禅と瞑想《めいそう》を組み合わせた「行」のことです。それをおこなうことで智恵（慧《え》）を磨き、その智恵によって、宇宙の原理と一体になるという考えをもっています。つまり、神の力でなく私たち自身の努力によって自らを救うという、自己達成型のすごい宗教でもあるわけです。

事はともあれ、お茶の世界では特別に宗教宗派を語ることはありません。しかし古式禅宗の影響でしょうか、この自己啓発的な考え方でお茶の作法は展開されています。

(6) 茶室の宇宙（星のメリーゴーランド）

お茶の世界には「気の流れ」を巧みに用いた、多くの事例を見ることができます。

たとえば「畳」です。畳は私たちの一生涯を一畳ととらえて、その寸法もほぼ人間の等身大に作られています。一枚の畳で大地のエネルギー空間を確立させているわけです。

約三六〇日という地球の公転を一年として、五行の五つの季節で割ると書院広間の「七十二畳」の空間が成立します。そして五つの季節から土用の季節を除く四つの春夏秋冬で割ると「十八畳」となり、さらに四方位の東西南北の気の流れで割ると、茶室の基本空間である『四畳半の宇宙』が完成します。

そして大地のエネルギーの働きを読み、床の間や出入り口などの配置が設定されます。

加えて、人のエネルギーを媒体として陰陽五行に準じた作法により、天地の気を集結させます。

この神聖な茶室空間で主客の直心の交わりが出来上がるわけです。これが「茶の湯」の道義です。

お茶の作法で茶碗を左や右に回す所作を、茶碗の正面を避けるマナーだとよく聞きますが、それ

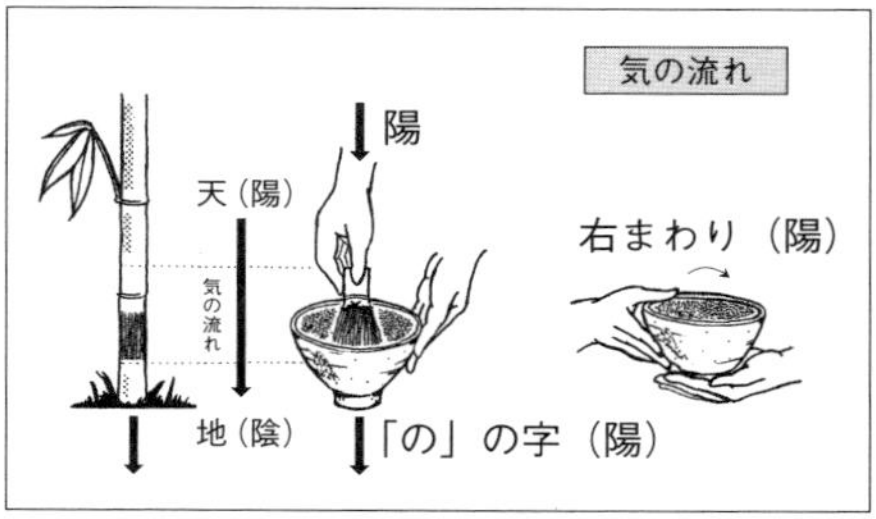

は誤りです。絵柄の無い茶碗はどこが正面か不明です。けして合理的な話ではありません。茶碗を回す所作には意味があるのです。

大地のエネルギーの流れは反時計まわりの左回り（左旋《させん》）です。主人が客人にお茶を出す時、主人（陽）は茶碗を左（陰）に二度回します。客人（陰）は受けた茶碗を右（陽）に二度回していただき、飲み終えたら茶碗を今度は左（陰）に二度回して主人（陽）に戻します。

このように「陰」と「陽」との動作が交互に繰り返され「陰陽の和合」を作法化させています。左や右に回す所作には、このように大きな理由があるのです。

茶道では、お点前や道具組みで陰をつくれば陽を迎え、陽をつくれば陰で返すという和合の動作を繰り返し「気の調和」を図っています。それは平和への祈りの動作なのです。

先人たちは、この茶室の聖域で心をほどき、いろいろと語り合っていたに違いありません。そして新しい歴史を生み出していたのです。

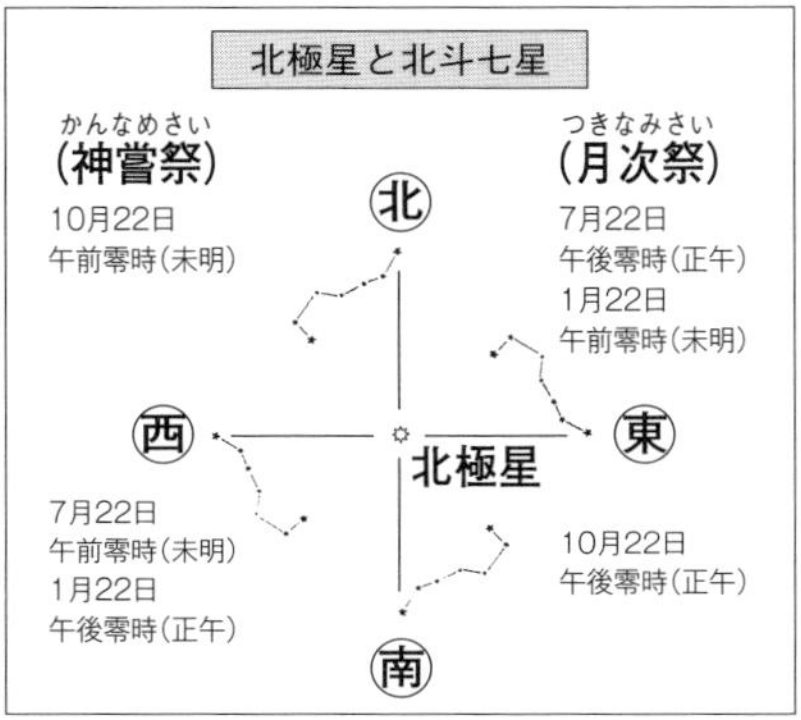

今は亡き冒険家の植村直己《うえむらなおみ》は、単独で犬ゾリによる北極点の到達を達成しました。

その冒険に向かう時、第一次南極越冬の西堀栄三郎《にしぼりえいざぶろう》隊長から、詳細な天測の指導を受けて出発しています。そして、彼は「大地の磁力」と「天空の星座」をたよりに、座標軸もない一面銀世界のなかで氷上極点を正確に割り出し、到達を成し遂げました。彼ほど天地が示すエネルギーの秩序を体験した人は稀でしょう。そのお話を北米マッキンリーに眠る彼に、そっと聞いてみたいところです。

その彼は「道に迷ったら、必ずもと来た道に戻りなさい。それが山登りの鉄則です」と、登山家たちに語り続けていました。ところが毎年、登山での遭難者は後を絶ちません。

迷い道を前に進むのではなく、勇気をもって下山することが大切なのです。

このことは人生にも通じた道理です。人生に迷った時は、立ち止まることなく「初心」に戻るべきなのです。そして再び人生の山登りを始めたら良いのです。急がず焦らず慌てずに再スタートをすることが望まれます。人生は長い山登りです。道に迷ったら固定観念をすてて、今までの考え方をまずは「初期化」してみましょう。それにより人生上の遭難を回避することができるのです。

山に登ったら、いつかは下山しなければなりません。それを忘れて、登り続けることを「遭難」といいます。人生も、また同じです。


過酷な毎日がまさに冒険のようであった太古の人々も、夜空に輝く美しい星々を見つめながら、日々の苦しみを耐え忍び暮らしていたのでしょう…。

厳しい生活の中で、もしも天空に異変が起きれば大地にも何かしらの影響がおよぶことを悟り、人々はひたすら穏やかなれと、天地の平和を祈っていたに違いありません。

先人たちは風や雨、地震や洪水などの到来を天地の異変からいち早く察知し、未来への影響を予測していたようです。その天空の中で基準とされていたものが、常に不動の姿で輝く「北極星」です。そして北極星の位置を正しく示している星座が、規則正しく運行を続ける「北斗七星」です。別名に「柄杓星《ひしゃくぼし》」と呼ばれています。お気付きのとおり、お湯を汲みあげる「柄杓」は北斗七星を意味しているのです。


お茶のお点前では、まずは祈るように北極星方位の北側に柄杓を構えます。構えた時に柄杓の丸い底面を見つめ心を鎮めます。その底面を「鏡《かがみ》」と呼んでいます。つまり鏡とは神（三種の神器

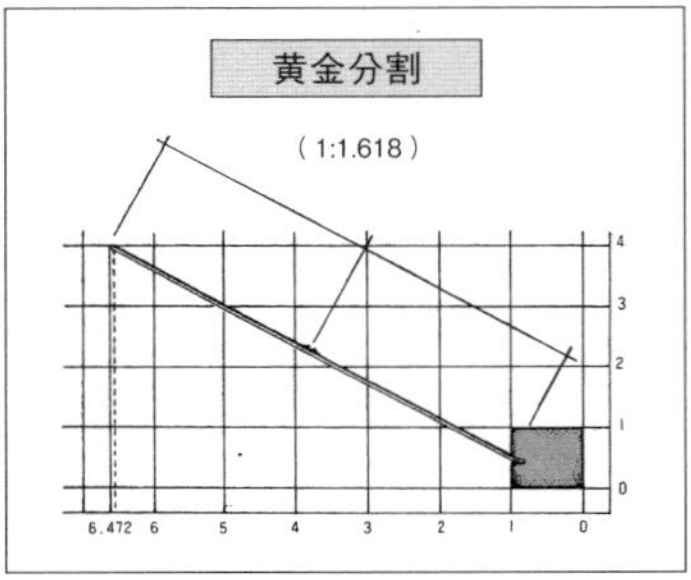

の八咫鏡《やたのかがみ》）を意味しているのです。そのように神聖な思いでお点前を進めていきます。また、柄杓の造形は神が創り出す美学の至芸といわれた黄金比＝Golden Section（一対一・六一八）の分割構成で仕上げられています。この柄杓形状の計らいにも、茶道具に思いを寄せる茶人の不思議な意図を感じさせられます。

その昔「東」は太陽が生まれ「西」は安らかに眠り「北」は神が暮らし「南」は天使が育む場所と語りつがれています。やがて時の権力者がこの四方の概念をおごそかに思想化し、さまざまな儀式や祭りなどに、その思いを方位に表現していきました。

古代ギリシャやローマの哲学者は、神の世界は太陽の方向であると信仰し「天」に神の聖地を祭っていました。紀元前二十二世紀の陰陽思想も、天空を聖地とあがめていました。

夜空を見上げることの少なくなった現代ですが、星々の煌めきに一日の疲れを癒すひと時も大切です。星たちは、まるでメリーゴーランドのように楽しげな運行を続けています。夜空からは神々のささやきが降りそそいでいるのです…。

四、お茶の薬効

お茶を語る日本最古の書に『喫茶養生記』があります。この書物は、臨済宗開祖の栄西禅師がまとめたものです。茶書とはいいますが、医学書のような内容になっています。

一二一四年に書かれた鎌倉後期の史書『吾妻鏡』によると、鎌倉幕府三代将軍の源実朝が二日酔いに苦しんでいることを聞きつけた栄西禅師が、一服のお茶とともに献上した茶書が、喫茶養生記であったということです。

古来、薬の単位は「服《ふく》」を用いています。お茶を「一杯」とは言わずに「一服」と表現することからおわかりのように、当時からお茶は「薬」として扱われていたのです。

ご想像のとおり、時の権力者とは単に美味しいから、また珍しいからといっても軽卒に飲食することなどできません。国を治める重職者であれば、当然のことです。お茶の場合も、確かな安全と有効性が認められなければ、安易に服用などはできません。その意味において、本書の陰陽思想に基づく茶薬の解説は、側近の要人たちを納得させる大きな判断材料になりました。ちなみに、江戸将軍家の飲食では、配膳の二割を七～八人の毒見役が命懸けで吟味をしていたそうです。

(1) 皇帝御用達の薬（六グラムの幸せ）

紀元前の大昔から中国には、飲食の毒見役がいました。

ところで、私たちが食事などで使用しているお箸は、飛鳥時代の小野妹子に由来します。

六〇七年、遣隋使の小野妹子は隋の国から日本に「箸の文化」をもたらしました。彼はその時に銀製の毒見箸を使う「毒見法」も学び、聖徳太子に進言しています。

当時、代表的な毒薬は毒砂《どくしゃ》といわれていた硫砒鉄鉱です。成分中の硫黄と銀が反応すると瞬時に黒く変色するので、銀の食器は毒の確認をするのには最適な物でした。

中世のヨーロッパでも、毒見には銀の食器を利用しています。食事のマナーとして、食前に料理人が銀ナイフで料理を切り無毒の証明をするのだそうです。その時に使う銀ナイフをクレデンジェと呼んでいます。


八世紀の唐の玄宗王朝では、食事は殿中省の「尚食局」、そして薬は同省の「尚薬局」が厳重な管理をしていました。食事については局の責任者が必ず先に吟味をします。

一方、薬の場合は、さらに厳格な管理がされており、薬の調合の段階から省と局の責任者が監視しています。薬が完成すると、まず先に調合者がその薬を服します。安全が確認されると封印し、監視者の署名のうえで保管をします。

実際に薬を服す時に封印が解かれ、まず先に局の責任者が安全の確認をして、次に省の責任者が服し、その後に皇太子が服します。そしてようやく玄宗皇帝がその薬を服すことができるという、大変に厳重な安全管理がされていました。

栄西禅師が持ち帰ってきたお茶の療法も、このように厳格な管理のもとで成り立つものでした。

喫茶養生記・第一章「五臓和合門《ごぞうわごうもん》」には、お茶の効用を五行説で次のように説明しています。

㈠　肝臓は酸味を好む　…（眼）
㈡　肺臓は辛味を好む　…（鼻）
㈢　心臓は苦味を好む　…（舌）
㈣　脾臓は甘味を好む　…（口）
㈤　腎臓は塩辛い味を好む　…（耳）

『喫茶養生記』では、五つの臓器の特性を五行説の「木・火・土・金・水」に当てはめ、さらに五方位の「東・西・南・北・中」に当てはめています。人体の気の和合（調和）を図ることが健康の平和であり、この健康の養生法を説いているのです。

書にいわく、日本の食生活の中で、なかなか得られない味は苦味です。これは、心臓を弱くする原因です。お茶はその苦味をもっています。すなわち、お茶を喫茶することで臓器は強くなり病が治ります。中国ではよくお茶を飲むので心臓を患う人はおらず、大変に長命です。日本ではお茶を飲まないために心臓を患う人が多くいます。

もしも体が不調ならば、必ずお茶を飲むべきです。お茶は万病を治し、他の臓器の病を患っても強く痛むようなことはありません…云々。

心臓は五臓の中で君子《くんし》です。そしてお茶は最上の苦味です。心臓は苦味を愛するのです。たとえば、眼に病があれば肝臓が悪いので、酸味の薬で治してください。耳に病があれば腎臓が悪いので、塩辛い味の薬で治してください。鼻は肺で辛味の薬、舌は心臓で苦味、口は脾臓で甘味の薬で治してください。もしも心身ともに弱ってきたら、しきりにお茶を飲めば、ただちに気力が強まり回復します…云々。

現在、西洋医学を常としている私たちには、とても不可解な動機づけと思えます。しかし現代の医学でもお茶のもつ薬効が解明されているのです。古き陰陽五行の奥深さを知らされる思いです。

それでは、お茶の薬性効果をご紹介いたします。

健康に必要な一日の成分摂取は、お茶の葉約６ｇの成分があれば良いといわれています。

普段、私たちが飲み慣れている煎茶は、お湯に溶けだした水溶性の成分だけを摂取していますが、抹茶の場合は茶葉自体の粉末であるため、不溶性の成分も含めた全成分を体内に取り入れることができます。

抹茶と煎茶との含有成分と薬効が、次のページに示すように農林水産省から紹介されています。

【 緑茶成分と効用 】

●【抹 茶】不溶性成分（70%～80%）と効用

	成 分	主 な 効 用
1	食物繊維（30%～40%）	便秘防止・大腸がん・心疾患・糖尿病など
2	タンパク質グルテリン（約24%）	栄養素（体構成成分）
3	ベータカロチン（3～20mg%）	抗がん（肺、皮膚がんなど）・心疾患・白内障などの予防、免疫能増強など
4	ビタミンE（26～70mg%）	抗がん（消化器系、肺、乳がんなど）・糖尿病・心疾患・白内障の予防、免疫能増強など
5	クロロフィル（0.8～1.0%）	がん予防・抗突然変異・抗潰瘍・消臭など
6	ミネラル不溶性（2～3%）	マンガン・銅・亜鉛・セレン・抗酸化など

●【抹茶・煎茶】水溶性成分（20%～30%）と効用

	成 分	主 な 効 用
1	カテキン類（10～18%）	抗がん（消化器系、肺、脾、腎、乳腺、皮膚がんなど）・血中コレステロール上昇抑制など
		血圧上昇抑制・血小板凝集抑制・抗菌（食中毒菌、コレラ菌、0-157菌など）・虫歯予防など
		抗ウイルス（インフルエンザ、エイズなど）腸内菌改善・抗アレルギー・消臭など
2	フラボノイド（0.6～0.7%）	血管壁強化・抗酸化（ラジカル消去、LDL酸化防止）・抗がん、冠状動脈心疾患の予防など
3	カフェイン（2～4%）	中枢神経興奮・眠気防止・強心・利尿・代謝促進など
4	複合多糖（0.6%）	血糖上昇抑制など
5	ビタミンC（150～250mg%）	抗壊血病・抗酸化（ラジカル消去など）・抗胃がん・かぜ予防・白内障予防・抗アレルギーなど
6	ビタミンB2（1.4mg%）	口内炎予防・抗酸化（過酸化脂質の生成抑制）など
7	テアニン（0.6～2%）	血圧降下・脳、神経機能調整など
8	ガンマアミノ酪酸GABA（0.1～0.4%）	血圧降下・抑制性神経伝達物質など
9	サポニン（0.1%）	抗喘息・抗菌・血圧降下など
10	香気成分（1～2mg%）	アロマテラピー効果・抗菌効果など
11	食物繊維ペクチンなど（3～15%）	胆汁酸排泄促進・血中コレステロール低下など
12	ミネラル（3～4%）	フッ素（虫歯予防）・亜鉛・マンガン・銅・セレン・抗酸化・発育促進・がん予防など

出典：2010農林水産省・（財）食品産業センター

(2) 万病の妙薬（恋の病には無力です）

お茶は多くの成分が混ざり合って、独特な風味をかもし出しています。主な成分として、甘味はショ糖と果糖です。苦味はカフェインとテオプロミン、渋味はタンニンです。うま味はアミノ酸のテアニン、グルタミン酸、アルギニンなどで、風味を作っている主な物はアミノ酸とタンニンだといわれています。またお茶の香り成分は、青葉臭としてジメチルスルフィッドや青葉アルコールなどと分析されています。

その昔、東洋でも西洋でも薬草という自然界の恵みを活用し、人々の健康が守られていました。ある時、西洋は薬草の良い成分だけを採り、それが医療の近道だと考え出します。東洋の歩みとは、別の道を選択しているのです。

今から八十五年前の一九二八年のことです。イギリスのアレクサンダー・フレミングは、パンの青カビからペニシリンという抗生物質を発見し、素晴らしい医薬を世に送り出しました。しかし、彼の薬は一つの病気には効果がありますが、複数の病気には、それぞれの成分薬を必要とします。そして新たな副作用の壁にも悩みます。その打開策として解剖学や病理学が発達していきました。

西洋の医療は体の全体を診るというより、むしろ患部の局所を重視しています。やがてミクロやバイオの領域へと医療の歴史は流れていきます。

一方、東洋医療は体の局所よりも、身体全体の調和を図ることを治療の基本にとらえています。自らの病んだ体を「自然の体」に戻すために、体の気のバランスを追求しています。

中国四〇〇〇年の歳月の中で、病の苦しみの試練から学びとった素晴しい東洋の医術です。

現代の若い先端医療には、経験豊かな東洋医療と手を結び合い、新しい医療のあり方を考えなければならない時代が訪れているようです。

近年、医療技術は高度な進歩を遂げています。しかしその反面、病人の数は減ることもなく増え続ける一方です。この現状を考えると、私たちは病院を訪ねる前に、まずは病気にならない体づくりが先決です。自分で病を治す自己療法にも心を向ける必要があると思います。

恵まれた自然環境の中で、宇宙と大地のエネルギーを受け、心と体の歪みを整え健康を創りあげれば、人生はさらに楽しくなります。ここに技術文明と精神文化とのバランス感覚が求められています。

自分の体を知るということは、自分の内なる気のリズムを大切に守ることです。局所の患部に注視しながら高度な発展を遂げてきた西洋医療と、心と体の調和を図り自然治癒のパワーを活性させ、自らの体内から治そうとする東洋医療との和合を、あらためて考えさせられます。

また、日本の誇るべき民間療法も私たちは忘れてはなりません。おじいちゃんやおばあちゃんが作る、あの苦い民間薬です。その代表的な煎じ薬は「ドクダミ」です。昔から日本に愛用されている副作用の少ない伝統薬です。

いわゆる、悪い物を取ったり殺したりする「西洋医療」と、天空と大地と人体の三つの生命エネルギーを健全化しようと努める「東洋医療」と、日本風土に受け継がれてきた「民間医療」を合わせ、さらに心やさしい「メンタル療法」が加われば、恋の病を除きすべての病気は治るのではないでしょうか。

人は病気とともに進化をしてきました。病気と向き合うということは、未来の子どもたちの生きる免疫財産を創り出すことです。私たちは、立派な免疫細胞を子孫に残していかなければなりません。そのためにも、病気を恐れずに病の試練に立ち向かう覚悟が必要です。

ご先祖が、私たちに健やかな命という愛を届けたように、私たちもその愛を子孫に渡していかなければなりません。

（3） 病は天使のシグナル（自然に守られて）

千里の旅や、万巻の書を超えた「教え」が自然界にあります。自然は最良の教師です。

わずか1.3kgほどの私たちの脳は、約八割が水分で形成されているそうです。この脳は、一兆以上の細胞と一〇〇〇億以上の神経により、およそ百二十五兆もの情報を記憶するといわれるスーパーコンピューターです。

この高度な脳の外科手術を、約二四〇〇年前の古代ギリシャでは立派に成功させています。また十五世紀、高い文化や技術をもっていた南米のインカ帝国でも、脳手術の痕跡が認められています。このことでわかるように、太古の人々は明らかに現代医療の見識とは異なる、医術理論を修得していたに違いありません。当時の人たちは、いったい何から高度な医術を学んでいたのでしょうか。おそらく、彼らの偉大な教師とは「自然界」であったように思えます。

私たちの体の中を流れる体液は、海水の塩分濃度が三倍ということを除けば、ほとんど海の水と変わらない組成でできているそうです。しかも、約三億年前に海で生息していた海洋生物の体液組成と、大きな変わりがないと考えられています。私たち人間が、自然界の中から生まれてきたことを明かしているわけです。

つまり自然界の生命体と私たち人間の生命は、同質のエネルギーで穏やかに調和してこそ、体内で滞る病の気も平和になるのです。そもそも人間の体は、健康であってこそ自然体なのです。その中で、近年の目に余る自然破壊は人間破壊を意味しています。過ぎた文明を、豊かな文化が救済する時代を迎えているようです。

自然を壊すのも肉体を壊すのも人の心だとすれば、それをくい止めることも私たちの「平和な心」が成せる技です。

陰陽説で語る「和合の理」とは、私たち人間も含めた自然界の病んだ姿を、平和にさせる方法を教えているのです。

わが家の愛犬ヴィッキーは、具合が悪い時には誰に教えられたわけでもなく、野辺の野草を食べて体調を整えています。しかも、むやみに野草を食べるのではなく、選別しながら食しています。また、タンザニアの野生チンパンジーは、薬草と思われる苦い植物の「ルホショ」を食べて健康を守っていることが知られています。彼らの行動は動物たちの不思議な自己療法の一例ですが、自然界の英知とはなんと素晴らしいのでしょう。

ひょっとしたら、私たちの遺伝子の中にも、神さまがこの自然療法をそっと忍ばせてくれているのかもしれません。自らのポテンシャルを、もっともっと大切に守っていきたいものです。

私たちのご先祖の人数は、お父さんとお母さんで二人。さらにその父と母の両親を加えて六人と数えていきますと、十代前には二〇四六人になります。二十代前では二〇九万人（二〇九万七一五〇人）を超えて、さらに三十代までさかのぼると、なんと延べ二十一億人以上（二十一億四七四八万三六四六人）となります。目がくらむほどの人数ですが、たとえ一人でも存在していなければ、今の私たちはこの世におりません。

私たちの遺伝子は、それだけ膨大な経験を積んだご先祖の遺伝子情報により成り立っています。ですから、この世で克服のできない問題など有り得ません。悩み苦しまずとも、自らの遺伝子が生き抜く答えをしっかりともっているのです。私たちが「自愛」を大切にしなければいけない大きな理由がここにあります。それはご先祖への感謝につながります。

私たちは、けして独りぼっちではないのです…。

自然という名の神さまは偉大です。この世に男と女を創り、この二種類の遺伝子を混ぜて親とは異なる子どもを創ることで、種の存続をおびやかすウイルスなどに対抗できる、生き抜く力を授けています。神さまは私たちに生き残ることを強く願っているのです。

病気は私たちが不自然に生きている時に顔を出す現象です。それに気付かせるために、病を創りだしています。つまり、病気は自らの生き方の不自然さを知らせる「天使のシグナル」です。その天使のメッセージを私たちが素直に受け入れた時に、神さまからの自然治癒の贈り物が体内に届けられ、病気は穏やかに癒えていくのです。

タンポポは、踏まれても、踏まれても、なおも微笑みながら美しい花を咲かせています。

私たちも病に負けずに、たくましく心身を進化させていかなければいけません。病は免疫を創る進化の母なのです。けして恐れるものではありません。

私たちが、この世に生まれてきた時のように、心身を自然体に戻すことで病いとは無縁となり、やさしく治癒していくものです。

現代の医療界ではES細胞やiPS細胞などの細胞初期化に成功し、万能細胞が再生医療に大きな期待が寄せられています。しかし生命の倫理上、医術の道は大自然の摂理の尊さに心が結ばれていなければなりません。目覚ましい科学の躍進の末路には、どのような風景が待っているのでしょうか。

私たちが求めている答えは、意外にも身近なところに有るのかもしれません。

五、陰陽五行の実証

一般的に私たちは、㈠縦　㈡横　㈢高さ　㈣時間の「四次元」の世界観をもっています。しかしところが陰陽説では、さらに㈤気という新たな次元である「五次元」を説いています。しかし次元の精度はとどまりません。この気の新次元には、宇宙間の㈥重力、人体の㈦電磁力、そして相互に影響し合う㈧強力と㈨弱力の四つの気が存在しています。

つまり、昔の人々は『九次元』の宇宙で人間の命が営まれているとの認識をもっていました。

二〇一二年七月、万物に質量を与えたとされる素粒子「ヒッグス粒子＝Higgs Boson」が、スイス・ジュネーブの大型加速器の中で見つかったと発表されました。宇宙の誕生を知るうえで大きな手がかりになると世界が注目していますが、まさに大型加速器は九次元の領域です。やがて現代の科学者が、太古の陰陽説の本質を解き明かす時代が訪れることでしょう。それは、九次元を超えた暗黒物質（ダーク・マター）の天文観をすでに認識していた、先人たちの感性の豊かさです。

それでは、不思議な陰陽五行説が日本の文化にどのような姿でかかわってきたのか、いくつかの歴史的な実例を訪ねてみることにいたしましょう。

(1) 帝王：国家の経営

「和をもって尊しとなす」

豪族がはびこる飛鳥の時代に、日本初の女帝推古天皇の命を受けて聖徳太子が作成した、国家統制の『憲法十七条』の初文です。和の心をもとに儒教と仏教思想を融合させ、人々の歩むべき道と心の道徳をしめしています。

陰陽五行で内容を解きますと、西暦六〇四年は天命が改まる時である「甲子《こうし》」の年に当たります。この甲子とは甲（木の精）と子（水の精）が重なる相生として、万物の始まりの年とされています。そこで、憲法はこの年に発布することが望まれました。

統制の内容は、天道と地道の二つの思想で構成されています。

天道（陽）の教えとは、陽である奇数の極数「九条」の命令事項です。地道（陰）の教えとは、陰である偶数の極数「八条」の禁止事項です。九条と八条を合わせて「十七条の憲法」を作成しています。

いわゆる法令発布の時期は、推古天皇の天命が改まる六〇四年におこない、天の導きである九つの「～をしなさい」と、地の戒めである八つの「～をしてはいけません」との、天・地の教えを、人の歩むべき道だと民衆に説いています。

また、日本で初めて中国伝来の暦を採用し、時刻に十二支を配当したのも推古天皇です。六〇四年の正月に、天皇は十一時から十三時を午《ご》の刻と定めています。現在、私たちが昼の十二時を「正午」、正午の前を「午前」、正午の後を「午後」といっているのは、約一四〇〇年前の推古天皇の暦が起源となっています。


聖徳太子は『冠位十二階』にも、陰陽五行の教えに準じて等級を制定しています。神が宿る北極星を中心に、規律を守り追従する十二の取り巻く星々に、冠位を当てはめています。

その精神は儒教を参考にして「徳・仁・礼・信・義・智」の六つの徳を陰陽の大小に分けて、十二等級にしています。

また、十二冠の位を分ける目的で色も定めています。「紫・青・赤・黄・白・黒」の六つの色を陰陽の濃淡に分けて、十二色の制定をしています。

そして五行相生の「木・火・土・金・水」で、平和の気の不変的な循環を願っています。このように陰陽五行説で十二官職に等級を定めているのです。


また、七〇一年に文武《もんむ》天皇が制定した法典に『大宝律令』があります。

その内容には、陰陽道の精通者をトップに置き「地相・天文・暦・時間・医療・戦略・占星」などの学識者を組織化することを天皇が指示しています。そして、これらの陰陽学を私有してはいけないと「禁教令」まで発布しています。もしも法を破り陰陽道を学ぶ者が出たら、その対処として労役の刑まで厳格に定めています。

このように、国家の厳しい統制のもとで管理された法です。秘められた歴史をたどるのは必然の結果です。私たちが学ぶことのできない精神世界だったわけです。

世界遺産の法隆寺をはじめ、重要な文化遺産を多く遺す飛鳥、白鳳時代を単に仏教文化と表現するのには少々無理があるように思えます。陰陽五行説は、奥深く謎めいた日本文化の根本思想だったのです。

(2) 建 都 … 空海と天海の都づくり

私たちを悩ます世界七不思議の一つに、全長約２４００kmの「万里の長城」があります。

紀元前約二二一年、中国史上で最初の統一国家を築いた秦の始皇帝が、北東の鬼門を封じるために、大増築して完成させた城壁です。けして不思議な建造物ではないのですが、禁教の秘史性が「不思議」という答えを現代の西洋学者にさせたのでしょう。ところで鬼門といっても怖がることはありません。鬼も私たちを守る勇猛な神さまの一人です。この鬼門方位は、気が集まる所です。子どもの勉強部屋やご主人の書斎には、集中力が増幅されて最適な環境といえます。

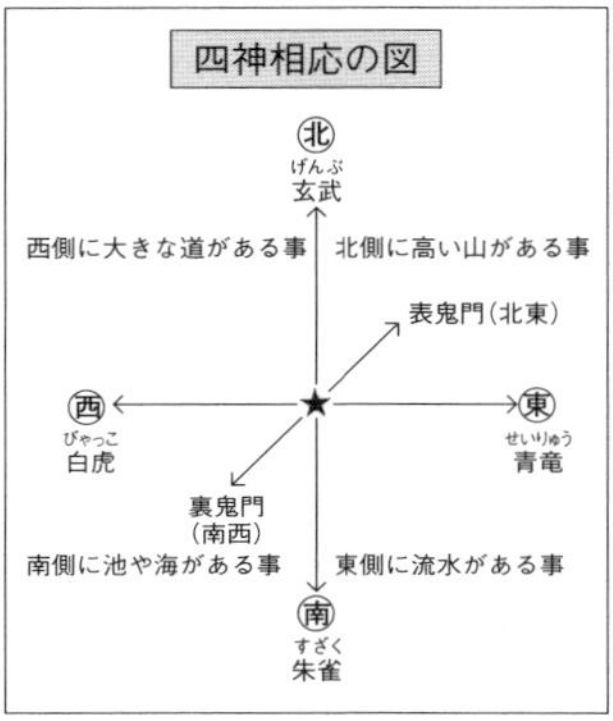

陰陽説の中に「四神相応《ししんそうおう》の地」という、天地自然の摂理にかなった都市計画の建設思想があります。約四〇〇年も続いた平安京は、桓武天皇が真言密教の「空海」に陰陽五行の思想で築かせた都です。また江戸の都は、徳川家康の知遇を得た天台密教の「天海」が、同じ陰陽思想により建設しています。

四神相応の理論は都市計画だけに限りません。書院造りの二条城や武家屋敷、さらには茶室や茶庭の山や池、そして植物や石の数にいたるまで、この理論は適用されていきました。いわゆる陰陽五行の和合により、平和な気の流れを集結させる「曼荼羅」の世界を大地に創作しているのです。

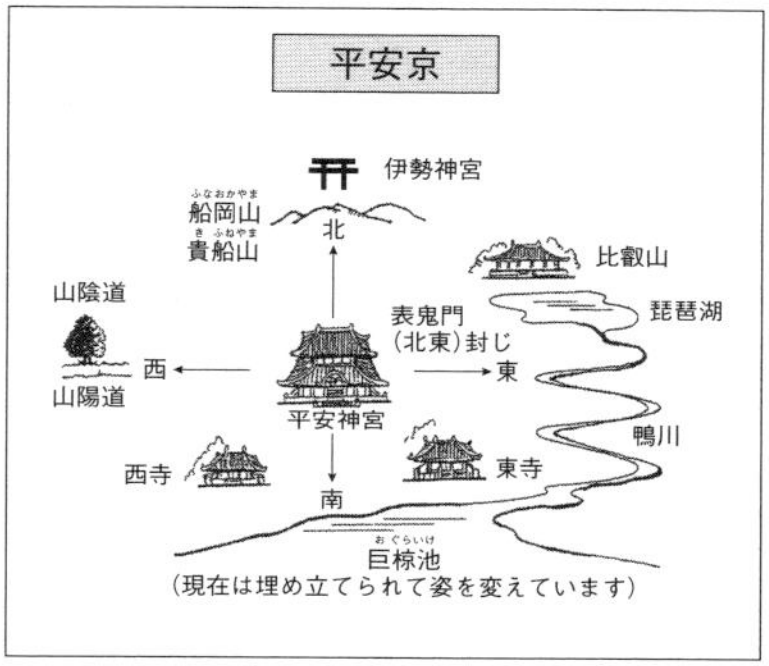

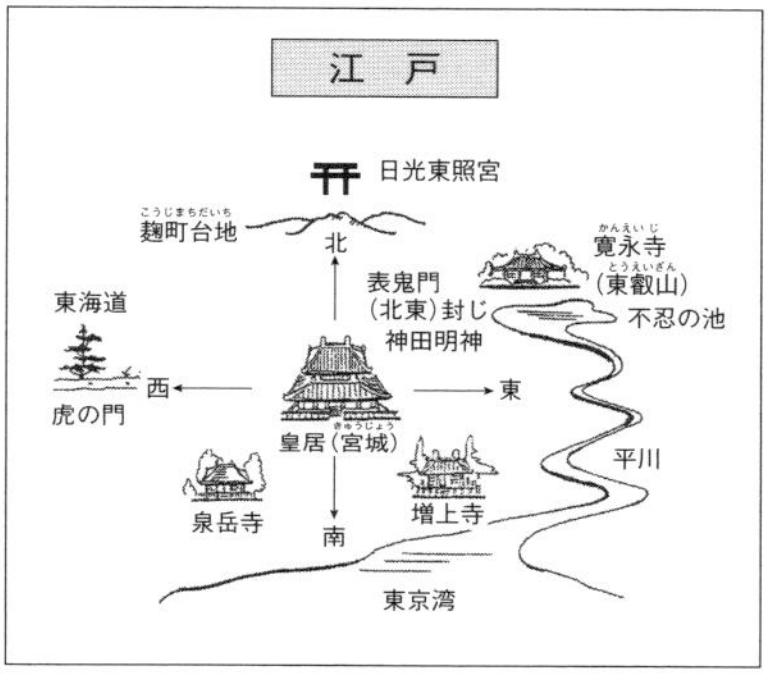

(3) 秘法：風水占いの誕生

二〇〇三年四月のことです。私はある大手出版社の依頼により、歌手のアグネス・チャンさんと『風水』について語る機会がありました。

彼女は、郷里の香港流風水とご家族のことを楽しく話されました。一方、私は日本に伝わる古来風水の一例を、本書のように述べさせていただきました。意外なことに、その後の反響の大きさに驚きました。現代の若者たちに古い「風水占い」が流行しているなど、私には予想もしていないことでした。

ここでお断りをしておきますが、私は「占い師」ではありません。ただ、動物や植物が大好きな質朴な一人の男にすぎません。本書では、占いの根拠と成立のプロセスの一端をお話しいたします。

この風水占いとは「陰陽五行説」から編み出されたマトリックスの理論です。風水の理論をまとめる指標として整理された表が、次のページに示す『陰陽五行配当図』です。地相・医術・戦術・祭事なども、この配当図を手立てに体系化されています。やがて易学《えきがく》や風水思想・祈祷《きとう》までも配当図の読み取りから生まれていきました。風水占いもその一つです。

五行の配当は、チベット仏教の外界宇宙を表す五大思想の「地・水・火・風・空」や、人体の小宇宙を表す「五臓器」などにも当てはめられて、先に述べた栄西禅師の『喫茶養生記』のように、医療にも応用されています。

東洋の医術は約四〇〇〇年の歴史の中で、この理論を用いて漢方や薬膳料理などを創り、人々の健康維持に役立てています。

【陰陽五行の配当図】

	陽		中	陰	
五行	木	火	土	金	水
方位	東	南	中央	西	北
季節	春	夏	土用	秋	冬
色彩	青	赤	黄	白	黒
味覚	酸	苦	甘	辛	塩
内臓	肝臓	心臓	脾臓	肺臓	腎臓
顔相	眼	舌	口	鼻	耳
音楽	双	黄鐘	壱越	平	盤渉
八卦	☴ ☳	☲	☷ ☶	☱ ☰	☵
12支	寅・卯	巳・午	他	申・酉	亥・子
神様	青竜	朱雀	黄竜	白虎	玄武
道徳	仁	礼	信	義	智

陽	中	陰
能動的	中庸	受動的
攻撃的	中立	防衛的
亢進的	平常	沈静的
男・雄		女・雌
太陽	地球	月
火・木	土	水・金
明		暗
春・夏	土用	秋・冬
表		裏
前進	静止	後退
右回り（時計）	静止	左回り（反時計）
上昇	静止	下降
右手・右側	両手・中央	左手・左側
暖	温	寒
動		静
海・川・泉		山・道・岩
天神	人	鬼神
奇数（1･3･5･7･9）	空（0）	偶数（2･4･6･8）
天道の理		地道の理
命令形		禁止形
戦争		平和
罪		罰
正（プラス）		負（マイナス）
主人		客人
後座		初座

またキリスト教にも、陰陽五行に類する観念を見ることができます。ミサ聖祭の祭服は五色「紫・赤・白・黒・緑」に分けられています。そして、カトリック信者が所持するロザリオ（数珠《じゅず》）も、五連からなる珠《たま》を鎖で環状につなぎ合わせています。

「すべての道はローマに通じる」といわれるように、古代のヨーロッパ文化は一度ローマに集まり、再びヨーロッパ各地へと流れていきました。

そして、この時代に東西をつないだ「シルクロード」は、歴史的に大きな役割を果たしています。

一八七七年にドイツの地理学者リヒトホーフェンが、この道をシルクロードと名づけています。中国の洛陽《らくよう》からのびる東西交易路は「草原の道」「オアシスの道」「海の道」の三つのルートをもっています。それを総称してシルクロードと呼んでいます。

この道は、絹や物産だけの通路ではなく、思想や哲学も運ぶ大切な「心の道」でもありました。東の終着点は大和といわれています。当時の日本に届けられた中国の絹文化は貴重なものでした。

このように平和な心の根は一つの道で結ばれていたのです。生きるために必要な「心の哲学」を、民族文化を超えた人類共有の英知としていたわけです。

『哲学』とは「宗教」と「科学」を融合させた精神論です。

すなわち、すべての宗教が等しく求める「愛」と、天文・物理・化学・生物などを総合した「自然科学」とを合わせ、天から与えられた生命の営みを理論化したものが『哲学』です。

本来、私たち人間は大自然の中から生まれてきた、小さな自然物にすぎません。穏やかな母なる自然界の中から、私たちは生きる「ヒント」を学びとり、人々と心を紡ぎながら平和に暮らす方法を会得することこそ、哲学が説く教えです。

哲学とは自然界のように秩序ある生活の中で、荒ぶる争いの無い誠の愛の世界へと私たちを導く一本の道なのです。

現代、世界の各地で勃発している宗教の争いは、大きな過ちです。民族を超えた地球人として、平和を創る『哲学』が強く求められる時代です。一日も早く世界の戦塵《せんじん》が納まることを祈らずにはいられません。

一休さんは「分け登る、ふもとの道は多かれど、同じ高嶺《こうれい》の月を見るかな」と語られています。宗教宗派や主義主張の歩む道はそれぞれ違います。しかしその山道を登りつめた山頂では、人々が一緒になって同じ美しいお月さまを眺めているのです。つまり、人々の目的はみな同じであるということです。たとえ歩む道が異なっていても、けして争うことではないのです。

迷いの多い人生の中で風水説は暮らしの一助として、太古の人々の心を支えていたようです。

(4) 世界：国旗に込められた愛と平和

国を象徴する大切な国旗のデザインは、一時的な流行や時代の世相を映すような短絡的な考え方では、意匠化は成立しません。国の将来を見据える確かな思想に裏付けられた、具現の姿が国旗のデザインの絶対条件だからです。

国家の平和と人民の幸せを表現した各国の国旗には、共通した意図が見られます。その共通思想が「陰陽五行説」です。

各国の国旗デザインの真髄には（太極）↓（陰陽）↓（五行）↓（四極）↓（八卦《はっけ》）↓（十二支）などの陰陽和合の理念が、祈りのようにシンボライズされています。

さらに五行説や五大思想の象徴として五彩色の決定までもされています。そして星座も五角星などを配して、国家の平和を祈願している姿が「万国旗」から読み取れます。

ところで私たちの国名は、古事記や日本書紀によると、紀元前約六六〇年に神武《じんむ》天皇が橿原宮に建国した地であることから「ヤマト」と呼んでいたそうです。別名に「オオヤマト」とも呼ばれて

【 世界に見る陰陽五行 】

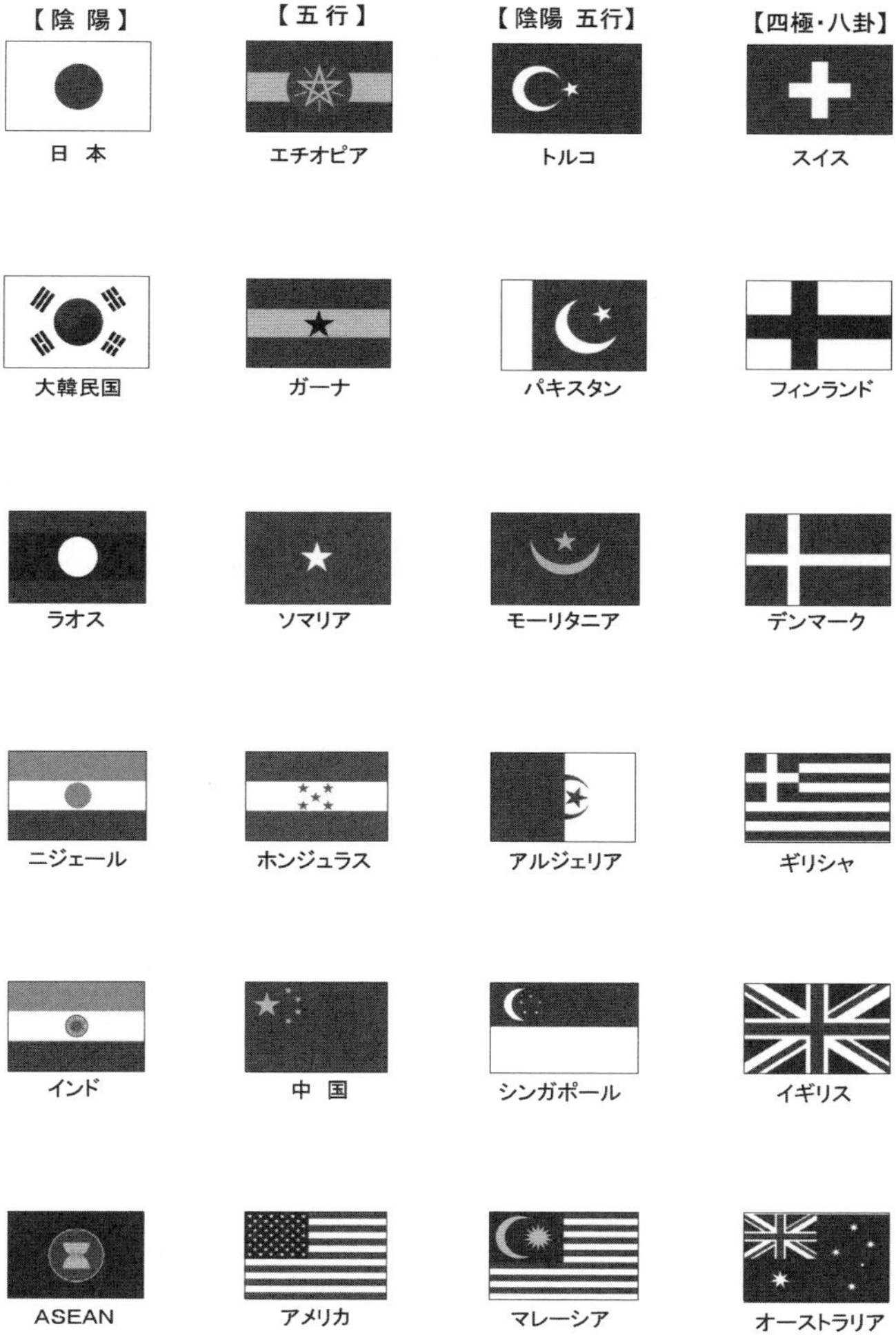
【陰 陽】
【五 行】
【陰陽 五行】
【四極・八卦】
日 本
エチオピア
トルコ
スイス
大韓民国
ガーナ
パキスタン
フィンランド
ラオス
ソマリア
モーリタニア
デンマーク
ニジェール
ホンジュラス
アルジェリア
ギリシャ
インド
中 国
シンガポール
イギリス
ASEAN
アメリカ
マレーシア
オーストラリア

いたと伝わっています。

お隣の中国では東方にある国ということで、東海の日の出る所にある神木の名をとり「扶桑国《ふそうこく》」という素敵な名前で、私たちの国を呼んでいた時代もありました。

そして西暦一世紀頃になると、当時の中国『後漢書』には、現在の九州博多付近に小さな国があり「漢倭奴《わぬ》の国王に金印を授けた」と記述が残されています。

三世紀頃、中国魏の三国志『魏志倭人伝《ぎしわじんでん》』には「倭の国では女王卑弥呼《ひみこ》が三十余の国を従え、邪馬台国《やまたいこく》という強大な国を治めていた」と記録があります。この文献が日本古代史に関する最古の史料といわれています。


四世紀頃になると、ヤマト（奈良県）の豪族たちが日本各地の小国を統治して、日本最初の統一政権である「ヤマト朝廷」を誕生させています。その頃には、中国や朝鮮の国々では「倭国《わこく》」と呼ぶようになっています。

そのような理由から、当初、国名を「倭」と書き「ヤマト」と読んでいたそうです。

やがて国名を二字にすることが天皇により決められ、倭に通じる「和」に「大」の字を冠して「大和《やまと》」という漢字が生まれました。

六四五年、いよいよ孝徳《こうとく》天皇を中心とした中央集権国家の「大化改新」を迎え、国名が定まり始めています。東方、すなわち日《ひ》の本《もと》の意味から「日本」と書き、その漢字も「ヤマト」と読ませていました。

そして奈良時代になると、日本《ヤマト》を「ニホム」と読むようになります。室町時代に入るとニホムを「ニッポン」と、音読みするようになったといわれています。

最初、日本を音読して「ニッポン」の呼び名が生まれましたが、江戸の関東地方の方言で「ニホン」と呼ばれるようになりました。その名残《なごり》で大阪の日本橋は「ニッポン橋」で、東京の日本橋は「ニホン橋」と発音しています。

国際表記では「ＮＩＰＰＯＮ」としているので、国際的には「ニッポン」を使用しています。

ちなみに日本銀行は「ニッポン銀行」です。

また国旗の「日の丸」は、幕末の黒船来航時に幕府がデザインしたものです。その意匠が今日に伝えられています。昭和の第二次大戦時には「旭日旗《きょくじつき》」という、朝日昇天の勢いを象徴した国旗を用いていた時代もありました。

一九九九（平成十一）年に、国旗国歌法により正式に日の丸（日章旗）と国歌（君が代）が現行法として制定されました。とても最近の出来事になります。

国歌「君が代」の歌詞は、平安時代に詠まれた「古今和歌集」から引用しています。曲づくりには、ドイツの音楽家フランツ・エッケルトが西洋風和声に仕上げています。

なお、国名の読み方については法的に定めがないために「ニホン」でも「ニッポン」でも、私たちは自由に使えることになっています。

また「ジャパン」という呼称は、マルコポーロの『東方見聞録』に出てくるジパングが由来となっています。

昔の人々は「平和思想」を、生きるための共通のテーマとしていたのです。国を愛する温かい思いが世界の国旗のデザインに込められています。国旗の真意を知ることにより、世界の国々が宗教や文化を超えて平和づくりの建設的な話し合いができることに、早く気付いてほしいと思います。

二〇二〇年、日本では東京五輪とパラリンピックが開催されます。

五輪マークは、正式には「オリンピック・シンボル」と呼ばれています。

一九二〇年、パリのＩＯＣ創立二十周年式典で、初めて公表された象徴マークです。フランスの教育者でもあり近代五輪創始者のピエール・クーベルタンがデザイン制作をしています。

このマークには、世界五大陸（南北アメリカ・ヨーロッパ・アフリカ・アジア・オセアニア）の

【 オリンピック・シンボル 】

全世界の人たちが「平和の精神のもとで、スポーツにより手を結ぼう」という、熱い願いが込められています。

その精神を、五つの円相に五彩色をほどこし意匠化しています。丸い円相は、平和の証しです。五色は自然界の「青（水）・黄（砂）・黒（土）・緑（木）・赤（火）」の表現だといわれています。またスポーツの五大鉄則でもある「水分・体力・技術・情熱・栄養」を表わしているともいわれています。

クーベルタンは、この五彩色に下地の白を加えると、世界のすべての国旗を描くことができるという理由で、デザインを考案したと書き残しています。

五輪マークには、争いの無い世界平和の祈りがシンボライズされているのです。

この平和な意識をもって、スポーツを観戦する世界の人々すべてが「金メダリスト」なのです。

(5) 能　楽：秘すれば花

世阿弥（観世元清《かんぜもときよ》）が、父親の観阿弥（観世清次《きよつぐ》）から教えられた能楽の訓戒を、十歳頃から書きとどめていたお能の書に『風姿花伝』があります。

いかにして能楽を知るかという命題を「花を知る」の一言に絞り求道した、一子相伝の書が現代に残されています。世阿弥の能楽の歴史はもとより、日本文化の芸術論の根底に潜む精神哲学を学ぶうえで、貴重な伝書といわれています。

その舞いの姿にも「陰陽五行」の体現が指導されています。

お茶の流麗な所作の姿は、まさに能舞いと同じ精神論により成り立っていることがわかります。

【風姿花伝】

『風姿花伝（第三）』　問答条々

（問）そもそも申楽《さるがく》を始めるのに当日を臨《のぞ》んで、まずは座敷舞台を見て、その日の吉凶を予見するというのは、どういうことか？

（答）このことは最も大切なことです。能楽の道を得ようとする者であれば、必ず心得なければなりません…云々。

秘伝にいわく「そもそも一切は、陰陽の和合するところの境を、成就と知るべし」。

昼の気は陽気です。だから、ことのほか静かな能を舞おうと工夫することが肝要です。この静かな能の姿は陰気です。陽気の時に陰気を演ずることは陰陽の和する心です。このことは能が良くできる大願《たいがん》成就《じょうじゅ》の初めです。これは面白いと見る心になり、人々から喜びを得ることになります。

夜は陰なれば、いかにも浮き浮きと時をおかずに良い能を舞いなさい。人の心が浮き立つのは、陽の気です。これは夜の陰に陽気を和する成就です。だから陽の気に陽とし、陰の気に陰とすれば和合することが無く成就もありません。成就がなければ何が面白い能だといえましょうか。観客が面白いと感じるのも陰陽の和がある演能を見るからであり、これは秘義のいわゆる第一条件です。

【舞いの起源】

体内の五臓から声を出せば、それがやがて全身を動かすというのが人体の仕組みであり、ここに「舞いの起源」があります…云々。

【秘すれば花】

そもそも舞歌とは、根本的に如来蔵から出てくるといわれています。如来蔵とは、人間の仏性は体内の煩悩を離れては存在せず、むしろその中にあると説く仏さまです。
まず五臓から出る息は、五色に分かれ五つの音になり六調子です。五臓から声を出し、五体を動かす人体があり六調子となります。これが舞いとなる理由です。

㈠ 心臓は黄鐘調子《おうしきちょうし》…（夏）…（赤）
㈡ 肝臓は双調子《そうじょうし》…（春）…（青）
㈢ 肺臓は平調子《ひょうじょうし》…（秋）…（白）
㈣ 腎臓は盤渉調子《ばんしきちょうし》…（冬）…（黒）
㈤ 脾臓は壱越調子《いちこつちょうし》…（土用）…（黄）

「秘する花を知る事、秘すれば花なり、秘せずば花なるべからずとなり、この分け目を知る事、肝要の花なり」。

誰からも愛される花のような人生を送るためには、大切なことがあります。それは、自らの心中の哲学を外に表してはいけません。もしも、その哲理を言葉なり体なりで表せば、人さまから賛美を受けましょうし尊ばれもします。しかし、それと同時に敵をつくることにもなり、人さまに用心をさせる結果を招くことにもなります。

秘事を隠して人さまに知られないようにしても駄目です。秘事を知っている者であることも人さまに知られてはいけません。そうしなければ、人さまとわが心の距離が離れていきます。やがて、珍しい花として短い縁を散らせることになり、これは悲しむべきことです。生涯、咲き続ける美しい花になるためには、多くを知っていようとも「秘する花」となりなさい。

この口伝は流家の大事なことで、一代一人の相伝です。たとえ一人の子であろうとも、無器量な子であれば伝えてはいけません。「家は家にあらず継ぐをもって家とし、人は人にあらず知るをもって人とする」と考えなさい。家督を継ぐのが家ではなく、芸の命を継ぐのが家なのです…云々。

人生を縁ある人々と幸せに暮らしていくためには、たゆまぬ努力により、自らの人生の学びを重ねていくことが求められます。そして、その真意は心の一隅に秘め、何事も気付かれることなく、やさしく穏やかな心模様で、人々に接していくようにと世阿弥は教えています。

また家督の継承には、情けにまかせた短絡的な世襲は、世間に通じないことを教える賢者の言葉でもあります。

現代の人間関係のあり方を、花に託して私たちに語りかけているようです。この陰陽説の伝書は長い歳月、芸道の世界で秘史の歴史をたどっていました。その奥義の深さをあらためて考えさせられます。秘すべき事と、秘さずに明かすべき事の思慮分別が求められる秘事でもあります。

(6) 茶 道…帛紗《ふくさ》さばきの極意

帛紗とは、お茶のお点前に使用する小さな布（27㎝×29㎝）のことです。帛紗は、茶杓や茶器などを拭き清める時などに使う重要な布物で、茶会に出向く時の必需品でもあります。

この帛紗の扱いには「真《しん》・行《ぎょう》・草《そう》」に分けられた、特別な折りたたむ作法があります。その所作の奥義には大切な祈りの心が手順に込められています。流派や流儀によって若干異なる所作ではありますが、何気ない作法の中にも大義が宿されています。帛紗は単なる布ではなく太極（皇極）界を意味している大切なものなのです。

（手順①） 最初に、膝の上で帛紗の四方を広げます。この四方は太極（皇極）界を意味しています。まずは帛紗の天の左右を両指でつまみ上げ太極界を清めます。

（手順②） こんどは帛紗を二つ折りにします。そして陰陽の二極に祈ります。天と地、太陽と月、明と暗、善と悪、男と女、生と死…。自然界の事象は、すべて二極により成り立っています。永遠に対極関係にありながらも調和をして現実が存在しています。森羅万象の平和を祈り安らかな呼吸を迎えます。

（手順③） さらに二つ折りして、四つ折りに仕上げます。そして四天王に祈ります。

四天王とは、敵をくじき仏法の教えを守る四人衆の守護神です。

日常生活の中に生まれる、さまざまな妄想や邪悪な心を追いはらい、静かな心になります。

自らの生命エネルギーを大地の磁場と同調させて、四方向から来る異なる気の流れを平穏にさせて、心身と茶室空間に平和をつくります。

- 持国天　…（東方を守護します）
- 広目天　…（西方を守護します）
- 増長天　…（南方を守護します）
- 多聞天　…（北方を守護します）別名に毘沙門天とも呼ばれています。

（手順④） さらに二つ折りして、八つ折りに仕上げます。そして八相成道《はっそうじょうどう》を祈ります。

仏法では俗世の一生を八段階に表しています。

㈠人は天から舞い降ります ㈡母に宿ります ㈢この世に誕生します ㈣仏門で学びます ㈤邪悪な心を退治します ㈥悟りの知恵を得ます ㈦その知恵を多くの人に説いて聞かせます ㈧このような生き方をすることで、心の迷いが無くなり旅立ちます。生涯を生き抜くという一連の流れに、感謝の祈りを捧げるのです。

（手順⑤） さらに二つ折りして、十六折りに仕上げます。そして極楽浄土に咲く蓮華《れんげ》の台座に祈ります。

お釈迦さまが座る台座は、十六弁の蓮華の花びらに象徴されています。この世で、八相を懸命に生き抜いた人は、極楽浄土に往生します。そして蓮華の台座の上に生まれ変わるといわれています。その世界は心の迷いを断ち切って、迷界である現世に再び生まれることのない、心安らかな天国の境地だと語られています。

（手順⑥） 最後に、二つ折りにして三十二折りに仕上げます。そして森羅万象の竜顔《りゅうがん》に祈ります。

竜顔とは、お釈迦さまのお顔のことです。ひと握りほどに、小さく折りたたまれた帛紗は、まるで仏さまのお顔のような姿になっています。

陰陽二極を清め、宇宙の平和を祈り、邪界では四天王に守られ、八相の戒めを生活に取り込み、やがて天国に旅立ち十六弁の蓮華の台座に生まれ変わります。そして、わが身がお釈迦さまのような悟り人になるのです。

これが、帛紗さばきのストーリーとなっています。つまり帛紗さばきの極意です。

ここでお伝えしたいことは「稽古の茶道」から離れて『実践の茶道』へと進むことの大切さです。茶道の門人となり、初めて習う割り稽古の一つに「帛紗さばき」があります。この初歩の所作にも深い奥義が秘められています。その思想を作法の「形」に代えて奥儀となっています。

門人の方には、ぜひこの教え（義）を大切に守り、やがてその所作（儀）の奥に定められた「形」を破り、作法への執着から心を離して、自由な姿で茶の道を歩んでほしいと願っています。

これが茶道でいう『守破離《しゅはり》』の精神です。

つまり守破離とは、わが身の殻から抜け出して、社会の風の中で蝶のように自由に舞うことを、意味しているのです。

The Wind

第Ⅲ章. 風の編

Those who love the wind　She loves in return

木洩《こも》れ日のシルエットに、そよ風がささやくように流れています。大きな木々がゆらゆらと何かを語りかけているような林の中です。

この風は、空から吹いて来るのでしょうか。ひょっとしたら、小さな木《こ》の葉たちが団扇《うちわ》のようになって、はらはらと風をつくりだしているのかもしれません…。

わが家の庭の、朴《ほお》の木を見上げるたびに思います。

この『風の編』では、日本文化に息づく美しい礼節と感性の世界を訪ねます。

一、日本人の美しい礼節

おだやかな美しさが結実した茶室は、四畳半を基本としています。

そのほかにも、多くの人々が集まりお茶をいただく四畳半以上の「広間《ひろま》」と、わずかな人たちと膝《ひざ》を交えてお茶を楽しむ四畳半以下の「小間《こま》」との二種類があります。ともにお茶に集う人々をやさしく包む静かなスペースですが、この茶室には想像を絶するパワーが集結された、特殊な小聖堂となっています。まずは、この不思議な茶室の歴史を訪ねてみましょう。その茶室を舞台にして、世界に誇る日本の美しい礼節が、育まれていきました。

その昔、お茶は神仏にお供えをする尊茶《そんちゃ》や献茶《けんちゃ》、そしてお坊さんたちの清涼剤などに用いられていました。その後、お茶の味覚を当てる闘茶《とうちゃ》や喫茶の形式が徐々に整えられていきました。言うまでもなく、始まりは室町時代の東山文化が栄えた頃になります。お茶の礼法が確立されたのもこの時代です。一休さんの茶禅の指導を受けた茶祖の村田珠光により、喫茶を主体とした茶法が生まれ、いわゆる本格的な「茶室」が誕生しています。

茶の湯とは、天地陰陽の和合をはかり五行の法則にしたがいお茶を点てる「和式セレモニー」です。茶の湯の目的は、森羅万象の気の集結と調和を確立し「美徳」を得るというものでした。その儀式をおこなう場所として茶室が創られています。このような理念に基づいた特殊な設計が随所に施されています。この点が一般の「和室」と「茶室」との大きな違いとなります。

当初は、特別に独立した茶室があったわけではありません。広間の一部を屏風《びょうぶ》で囲い、その中でお茶を点てていました。その昔、茶室のことを「囲《かこ》い」といっていたのも、このことが由来となっています。

当時の皇家では炉を神聖な儀式に用いていました。天皇は、日常の生活をする内裏清涼殿の南東方位で毎日、朝拝をおこなっています。その一角を屏風で囲い石灰で壇を作り、約60㎝の地炉(塵壺《じんつぼ》)を設けています。このような型式で五行の法則に準じて、皇家ではお茶を点て神礼をおこなっています。

将軍家でも同様に、室町第八代将軍の足利義政《よしまさ》が建立した、銀閣寺東求堂《とうぐどう》の北東にある同仁斎《どうじんさい》(四畳半)の天井中央には、私が一九九五年に訪ねた時には釜を吊るす釘(蛭鐶《ひるかん》)の跡が残されていました。これは畳の中央に炉が設けられていたことを意味します。しかも畳の敷き方は、仏教でいう卍《まんじ》形の左旋状態に敷かれています。つまり左回りの「大地の陰」を、畳敷きで定めているのです。そして天井の吊り釘と天地を結び、エネルギーの和合を図っています。

また、禅宗の経典でも「曼殊室利菩薩《まんしゅしつりぼさつ》と八万四千の仏子を、この狭い四畳半の宇宙に集める」と述べているとおり、神聖な領域が四畳半の空間に定められていることがわかります。

そして、幕末から明治にかけて活躍した茶道家の玄々斎《げんげんさい》宗匠は、茶道叢書《そうしょ》に「四畳半は本来陰陽五行をかたどり、一部屋に世界を込めたる意なり。一説に禅学より起こるもので、天竺《てんじく》の維摩居士《いまこじ》の居室が方丈《ほうじょう》（四畳半）であったことの説がよくいわれていますが、そうではありません…云々。部屋の作りは、南に面して南東の明かりを受け、茶室を建てなければなりません…云々。そして、台子の棚は真北（陽気が入る場所）に設けて、八卦盆《はっけぼん》を用いて方位を正確に定め、お点前も北側に向かっておこなうことがお茶の本法です」と、伝えています。

すなわち『茶室』とは、古くから皇家をはじめ将軍家や仏教家、茶道家などで見られるように、天地陰陽の和合をはかり、五行の法則にしたがい人（土気《どき》）が儀式をおこなうことで、四畳半座敷の卍中央に宇宙の気を集結させるという、壮大な思想に基づき設計がされているのです。

『卍』の文字は、中国から渡ってきたものです。四畳半敷きは、この卍が表すように左回りを意味しています。日本の漢字も、卍の左回りが正字となっています。この考え方を茶室設計の原則と定め、その後、茶室にはさまざまな創意工夫が展開されていきました。そして、この小聖堂に集うお茶の人々に、神聖な「心の礼節」が求められていったのです。

(1) 上座はどちら？（日本式と欧米式は正反対）

お客さまをお迎えするのに「上座《かみざ》の位置」は、どちらになるのでしょうか…？日常生活の中で迷われたことはありませんか。実は欧米の国際マナーと日本の作法には、異なる点がいくつかあります。そのために、現在でもマナーについての誤解や混乱をまねいています。

日本には「左上右下《さじょううげ》」という伝統的な礼法があります。どちらが上位《じょうい》（上座）で、どちらが下位《かい》（下座《しもざ》）になるのかを古来、日本の礼法では位置を定めています。

日本の場合は左を上位として、右を下位としています。一般的に「左右《さゆう》」と呼ぶように左上位の考え方です。合掌でも左手が神仏で、右手は私たち人間と定めて、左右を区別しています。

一方、欧米では右を right と表現します。意味は「右・正しい」と表すように、右上位の考え方をもっています。キリスト教の聖書には「悪魔と病気は左手からやってくる」と説き、右手は神々の聖なる手であると教えています。欧米での「忠誠の誓い」の儀式でも、聖なる右手を左胸に当て宣誓をのべています。また、インドのヒンドゥー教やアラビアの回教でも右手を神々の聖なる手として、左手を「不浄の手」と定めています。すなわち欧米のマナーと日本のマナーとでは、左右の優位性がまったく逆の位置関係にあります。このことが混乱をまねく大きな理由となっています。

日本の「左上右下」の考え方は、奈良時代の遣唐使がもち帰ってきた中国の礼法です。唐の国では「皇帝は北辰《ほくしん》に座り、南を眺める」との考え方があります。国を治める皇帝は、不動の北極星を背にして南に向かって座ることを「吉」としています。その場合、皇帝の左手（東側）方向から、太陽が昇り、右手（西側）に日が沈むという自然の摂理があります。そこで東の左手が、西の右手よりも尊いとされたのです。この思想が日本の奈良時代に伝わり、現在にいたるまで「左上位」が受けつがれ、日本の礼法の基本となっています。

律令制での左大臣と右大臣の正式な並び順も、天皇からご覧になって左手（東側）に格上の左大臣が座ります。格下の右大臣は右手（西側）に座ることになっています。

舞台でも同様に、演舞者から見て左手（左側）が上座で、右手（右側）が下座となります。

そして日常生活でも基本礼法が定着しています。和服の着付けの「左前《ひだりまえ》」は代表例といえるでしょう。自分から見て左襟《えり》を右襟の上に整える着付け作法です。和装の場合は男女ともに同じ着付け方ですが、洋装になると女性に限り、洋式を取り入れて「右前」となっています。

正座をして膝上《ひざうえ》で手をそろえる場合も、左手を右手の上に手重《てがさ》ねします。右手をおさえるように重ね合わせるのです。そして正座時の足重《あしがさ》ねも、左足指を右足指の上に組み重ねて座るのが礼法では定められています。

しかし、この作法も茶道の各流派によってそれぞれ異なるのでご注意ください。詳しくは後述することにいたします。

また、和様建築の建具でも左上位が基本です。襖《ふすま》や障子《しょうじ》のはめ込みなどは、左側の建具を前に設置するのが日本技法の原則となっています。しかし現代の老舗といわれる高級旅館でも、ここまで細部に技法が守られているわけではありません。消えゆく和様建築の古式作法と成りはじめているのが現実です。その中でも、禅宗寺院ではこの左上位の規範を厳守しています。

「建仁寺流」や「四天王寺流」などは、和様建築を主とする大工の代表的な流派です。この建築流派が禅宗の建築様式を現代に守り続けています。

【礼儀作法の混乱】

明治以降になると西洋文化の「右上位」が日本に入ってきました。そこからマナーやエチケットの誤解や混乱が始まりました。

関東では、お雛様の飾りつけでも欧米式の右上位に変わりました。江戸時代までは「左上右下」の教えにより、男雛は左に座り、女雛は右に座っていましたが、現在の関東では逆に飾り付けがされています。ちなみに、関西では伝統どおりの飾り付けを固守しています。このように日本の伝統礼法と海外の国際マナーが混在しているのです。迷われるのも当然の成りゆきですね。

古くから守られてきた日本文化の礼儀作法は、明治以降に西洋化され、上座と下座が逆になってしまいました。しかし、お茶の世界では明治以前の古式礼法を守り続けています。


国会議事堂の議席の席順も、近年「右上位」になりました。議長席から見て、衆議院席は「右翼席」が第一党、第二党の順で「左翼席」には無所属が座ります。良識の府といわれる参議院席は、少し変則です。「中央」に最大派閥が座り、左右に小会派が座ります。

また参議院議場では、議長席の後方の階段上に天皇の玉座《ぎょくざ》があります。これは以前、帝国議会の開院式を、貴族院議場（現参議院）に天皇陛下をお迎えしておこなっていた名残《なごり》です。

現在でも国会の開院式では、天皇陛下を参議院の議場にお迎えし、お言葉をいただいています。

ところで、正面玄関から入った中央広場は極めて暗い間接照明になっています。それは天皇陛下が通られる際に、お付きの人が陛下の「影」を踏むことのないように配慮された特別なマナーです。

なお公式行事などで両陛下が並ばれる時は、国際マナーを尊重され天皇陛下が右側に、皇后陛下は左側に立たれ、欧米式の「右上位」を礼法とされています。

ちなみに、国会議事堂の建物も堂内から見て「右側」に衆議院棟を配置させ、「左側」には参議院棟が左右対称に配置されています。つまり欧米式の「右上位」となっています。

余談になりますが、一九三六（昭和十一）年に完成した議事堂は、当時は日本で最も高い建物（約65ｍ）であったために、最上階の中央塔は「灯台」の役割として、ライトを照らしていたのだそうです。国会議事堂は日本を象徴するランドマークとして、私たちの将来を明るく照らしていたのですね。

(2) 作法と礼儀（マナーとエチケット）

「礼儀」とは、社会の秩序を守るために必要な、生活上の基本ルールです。

儒教では「礼に始まり礼に終わる」というように、最も大切な人道のモラルとしています。特に敬意をあらわす時には、「礼義《れいぎ》の教え」に基づき「礼儀《れいぎ》の作法」にのっとり、心の思いを姿に体現します。


「礼義と礼儀」とは言葉の文字は似ていますが、「義」と「儀」とでは意味が異なります。義とは教えの真理のことです。一方、儀とは作法や儀式の「行の姿」のことを表現しています。その詳しい内容は『礼記《らいき》』に説かれていますので、ご参照ください。


茶の湯でも礼に始まり、礼に終わらせています。ほかの芸道や武道でも同様の礼法を大切に守っています。この礼節が日本文化の源泉です。

茶事を催す場合、まず「前礼《ぜんれい》」から始まります。

前礼とは事前に茶事にお招きする方へ、催し内容のお知らせと、その方の都合をおうかがいするエチケット（礼儀）です。その確認後に主人は諸事を整えていきます。

茶事の当日にあたり、お客さまへの気配りや敬意、慎みなどを所作に体現していきます。主人はその流れの中で、礼儀に反することのないように心がけていきます。

まず「失礼《しつれい》」がないように諸事を進めます。失礼とは礼儀をそこなうことです。また「無礼《ぶれい》」があってはいけません。無礼とは道理をわきまえていながら、礼儀に反する行為です。しかし、時には無礼講《ぶれいこう》として、礼から離れた宴が許される場合もあります。

そして「非礼《ひれい》」にも注意が必要です。非礼とは、そもそも礼儀の道理をわきまえていない人の行為です。また「悖礼《はいれい》」は礼儀の道理にそむくことで、おこなってはいけないマナー（作法）です。

最も気を付けなければいけない礼法として「虚礼《きょれい》」があります。虚礼とは誠意の無い、うわべだけの失態です。独眼竜の伊達政宗も「礼に過ぎれば、諂《へつらい》となる」と、配下の家来に過剰な礼となる虚礼に対して強く、いさめています。

お茶の主人は、このような所作礼法に心配りをしながら茶事を終えていきます。

その後、日を改めて「後礼《こうれい》」をおこないます。後礼とは謝礼《しゃれい》とも呼ばれ、お客さまとの一期一会の喜びと、ご足労に感謝の思いを送る茶事後の礼儀です。

そしてこの茶事一連が滞りなく終れば、最後に静かな茶室にて一人だけでお茶を点て、自らの独服の時をもちます。茶会の余韻を偲びながら、おもてなしが無事に終えられた報恩を、神仏に「拝礼《はいれい》」することで、茶事は最終的に完結するのです。

茶事では「前礼」のご挨拶でお客さまをお迎えし、茶庭や茶室では「失礼」「無礼」「非礼」「悖礼」「虚礼」を慎み、茶事が終われば「後礼」で謝辞を届け、最後には神仏に感謝の「拝礼」を手向《たむ》けて、茶の湯のセレモニーが終演するのです。礼節とは、節度を守りながら敬意を表す作法です。

【御三家の作法】

茶の湯では「礼義」を前提として「作法」を展開させています。その作法も各流派によって独自固有の姿を確立させています。

茶道の三千家（表千家・裏千家・武者小路千家）を例にすれば、同門の千家流でありながらも、各流派によって作法がそれぞれ異なります。また同派内でも、門弟によって若干の差異が見受けられます。おおむね、左記のとおりに所作がおこなわれているようです。

●『座り方』を見ると、

表千家では正座をする時、足の親指は左上位（左を上にして足重ね）です。両手は膝上《ひざうえ》で自由に振る舞い、特別な定めをもちません。なお自由とは無理のない「自然体」を意味します。

裏千家では足重ねは自由で、両手は膝上で右上位（右手を上に手重ね）です。

武者小路千家では足重ねは自由で、両手は膝上で左上位（左手を上に手重ね）です。

●『歩き方』を見ると、
表千家では一畳を六足で畳渡りをします。席入りは左足（陰）から入ります。

裏千家では一畳を五足で渡ります。席入りは右足（陽）から入り左足（陰）で退席します。

武者小路千家では一畳を六足で渡ります。席の出入りは自由で定めをもちません。

●『扇子の扱い』を見ると、
扇子は結界《けっかい》として使われます。結界とは僧と俗との間を仕切るものです。この扇子の扱いは武士道の太刀《たち》の扱いと同じです。つまり扇子は太刀の役割をしています。

表千家では扇子（太刀）を非武装の態として、右の膝脇に据え置きます。

裏千家では背後に扇子を隠します。

武者小路千家では表千家と同様に、右の膝脇に扇子を据え置きます。

江戸中期には『切腹』の作法にも、扇子が小刀《しょうとう》や脇差《わきざし》に見立てられ、別名に「扇腹《おうぎばら》」とも言われていました。ですから、今でも扇子は太刀と同様に、帯の左腰に仕込むようになっています。

●『茶碗の扱い方』を見ると、
流派を問わずに茶碗は右手（陽）で受け取り、左手（陰）の上に乗せて右手を添えて、懐回《ふところまわ》しの時計回り（陽）に二度回して押し頂きます。戻す時には反時計回り（陰）に二度回して戻します。

なお、表千家の流れをくむ松尾流では、茶碗を回しません。出されたままの姿、つまり「自然体」でお茶をいただきます。その他の流派でも、茶碗を回さずにいただくケースを見受けます。

このように、それぞれの流派では独自の作法を確立しています。しかし右記にご紹介した各流派の所作は、あくまでも一例としてご承知ください。

現在の各流派では「真・行・草」や、逆勝手などで作法を処々複雑に変化させています。詳しくは、どうぞ各流派にお尋ねください。

ここでお話をしたいことは、茶の湯はすなわち、形だけにこだわらず、さまざまな作法の姿形の奥に、何が有るかが求道の本題となっているという事です。その意味において、点前作法とは奥義の入り口でもあるわけです。各流派は、まずは形を知るところからお茶を伝え始めています。

お茶で最も大切にしなければならない心得は、お稽古の茶道を通じて『実践茶道』に、心を昇華させることです。

(3) 正座の起こり（起源は茶道ではありません）

現代の椅子《いす》の生活に慣れた私たちにとって、和室での「正座」は足がしびれて、辛いものがあります。

ところで、正座は茶道が起源といわれているようですが、それは誤りです。

利休や孫の宗旦《そうたん》も「胡床《あぐら》」でお茶を点てています。利休の愛弟子の細川三斎《ほそかわさんさい》などは、禅院の四頭茶礼で見るような片膝立《かたひざたて》の姿を見受けます。江戸千家の川上不白《かわかみふはく》にも、正座の記録はありません。明治以前までは茶の湯における座り方は、自由な「安座《あんざ》」が一般的でした。

座り方の来歴を訪ねると、平安時代までは男女ともに片膝立で座っていたようです。鎌倉時代になると、禅の影響で結跏趺坐《けっかふざ》（座禅の座法）のくずれ型である、胡床が広まっていきました。

江戸初期には、幕府が参勤交代の制度に「小笠原流礼法《おがさわらりゅうれいほう》」を採用し、非武装の正座が公式の作法となっています。とは言いましても、限られた上流武家社会での礼法に過ぎず、まだ大衆化には至っていません。

江戸中期になると、武家との交流の深い商人にも礼法が求められるようになりました。その影響で広く民衆にも武家の礼法が、徐々にではありますが伝わっていくようになりました。

そして正座が日常的になったのは、明治中期のことです。

明治三十六年、旧文部省により国定修身（道徳）教育に、正座が指導されています。その時に、古神道でいう正座《まさくら》を音読みにして正座《せいざ》という呼び名を採用しています。このような経緯で、現在の日本人の正しい座り方として「正座」が一般的になりました。

また、古く「大和座り《やまとすわり》」という古式の正座が日本の礼法にありました。

たとえば、京都の大原三千院にある国宝・阿弥陀三尊の座り姿などが有名です。中尊の阿弥陀如来は結跏趺坐で座っていますが、向かって右の観音菩薩と左の勢至菩薩のお二人は、少し身を乗り出して正座をしています。この座り方が「大和座り」です。

まず女の子座り（両足を外にして正座する）をして、お尻を少しもち上げ、両爪先《つまさき》を立てます。そして身を前に少し倒す座り姿が、大和座りという古式流儀の正座の姿になります。

(4) 日本礼法のルーツ(皇家礼法に始まります)

礼儀作法の起こりは、約一二〇〇年前の平安時代の「皇家礼法」に由来します。朝廷の礼式や祭り事、法令などのきまりの有職故実《ゆうそくこじつ》を重んじていた、皇族の宮中礼法が日本作法の源流となっています。

この皇家礼法は「小野宮家《おののみやけ》」や「九条家《くじょうけ》」などが流儀を制定しています。やがて鎌倉時代になると、源氏の小笠原長清《ながきよ》が皇家礼法を規範に、武家流の儀式礼法をつくりました。

室町時代に入ると、第八代将軍の足利義政が平家の流れをもつ伊勢貞親《いせさだちか》に、武家礼法を整備させています。そして江戸時代を迎えると、小笠原家と伊勢家の両家が日本の武家の礼法を完成させています。

名高い礼法家の一派に「小笠原流」があります。弓馬《きゅうば》の法に礼法を加え「弓・馬・礼」の三法をもって流派を起こし、小笠原宗家がその礼法を守ってきました。

宗家の家伝では「礼道の要《かなめ》は心を練る修練にあり、礼をもって端坐《たんざ》(正座)をすれば、凶刃剣を取りて向かうとも、害を加うること能《かな》わず」と記述されています。

つまり「礼法をわきまえていれば、敵など存在はしません。努めて修練を積み重ねなさい」ということです。

しかし、小笠原流が日本の礼法師範を独占していたわけではありません。小笠原と呼ばれる流派は、歴史上いくつか分派しています。一族の家系によってそれぞれ異なる内容で伝えているために、区別する必要があります。つまり小笠原流といいましても、同じ一族でありながら家系によって礼法が異なるということを意味しています。

一例に、九州豊津の小笠原藩の礼法が、福島の「会津武士」の育成にも採用されています。教授の内容は「九段」におよびます。

【一段】配膳　【二段】鳥目・受け渡し　【三段】太刀・折紙・熨斗《のし》の受け渡し　【四段】折り方・結び方　【五段以降】軍礼、歩射礼・騎射礼と続きますが、五段以上を習うには、宗家との誓詞を必要とします。

その後に応答や会釈、饗応《きょうおう》、そして厳粛な「切腹作法」の教授にいたります。

(5) 日本文化はどこへ？（伝統礼法の迷走）

さて、礼法が大きく動いたのは前述のとおり明治期です。

小笠原平兵衛家の当主・小笠原清務《きよただ》は、流儀の教授を一般にも開放し、東京女子師範学校（現・お茶の水女子大学）や女子学習院などで礼儀作法を教えています。このように、近代化への対応と学校教育の採用により、明治以降も小笠原流の伝統礼法が存続したのです。

古来、小笠原家では礼式作法の奥義を「一子相伝」で伝承していましたが、昭和に入り宗家三十二代小笠原忠統《ただむね》が総領家（本家）に伝わる秘伝の封印を解き『伝書』を公開しています。そして広く一般社会に礼儀作法を教授し、現代にいたっているわけです。

座礼《ざれい》で「三つ指」を付いてお辞儀をする作法などは、小笠原流の教えによるものです。

ところで近頃、奇妙なお辞儀をよく見かけます。それは現代の立礼《りつれい》の姿です。

銀行やデパート、空港などで「いらっしゃいませ」と接客用のお辞儀をされていますが、両手をお腹《なか》の所で手重ねし、肘《ひじ》を曲げて挨拶されています。一見、皇家で檜扇を持たれてご挨拶する姿にも似ていますが、皇家礼法では脇《わき》を締めて、肘は曲げません。

つまり日本流には肘を武張《ぶば》らせるお辞儀作法はありません。この新しい現代流の立礼は、日本式の礼法とは異なるスタイルです。

この新しいお辞儀にきわめて似ているポーズが『韓国式のコンス』に見られます。韓国では民族衣装のチマ・チョゴリでお辞儀をする際、衣装の前が垂れ下がるために、お腹の所でチョゴリを、両手で押さえています。そのために生まれた美しい韓国流スタイルのお辞儀ですが、この韓国流の礼法では自然と肘は曲がり脇も広がります。

古くから日本には人を敬う伝統作法があります。現代は洋服の時代になりましたが、若い人たちには忘れてほしくない日本の美しい礼儀作法です。世界の人々に「おもてなし」の心をお伝えするためにも、私たちは国際人として日本流の伝統作法を守り続けていきたいものです。自国の正しい礼法をもってご挨拶することこそ、他国に対して失礼の無い美しい礼節だと思います。

正しい日本式の立礼は、けして肘を曲げません。両足をそろえて手先は真っ直ぐに伸ばします。自然におろした両手が定まる位置から、静かに腿《もも》の上をなでおろすように、膝頭《ひざがしら》に向かい滑らせてお辞儀をします。これが小笠原流が伝える日本古来の「正しい立礼」のお辞儀作法です。

日本の古典芸道や武道を経験された方なら、ご承知の礼法の姿だと思います。なお、神社などで巫女《みこ》さんがご挨拶する姿が、日本古来の立礼作法です。

(6) 一期一会（ひと時に永遠を見る）

茶室の空間は正方形の四畳半から、やがて四畳となり、次いで三畳となり、しだいに精神世界を内面に求めるにつれ、二畳半や一畳半へと宇宙空間を狭めていきました。

当然、狭い空間に席入りできる客人は厳選されます。その尊い人と限られた命の時間を共有する空間になります。ここに「一期一会」の時空が誕生しています。

戦国の世にあって、明日のわが身の命さえも知れぬ日々の中で、今が最後の時だと受け止めて、一服のお茶に心をほどき、茶室でひと時を過ごしていたのです。その狭い空間で、生きていることの有り難さに、束《つか》の間の幸せを見いだしていたのではないでしょうか。

このひと時を大切にしていた人物が、石州流の大名茶人、井伊《いい》直弼《なおすけ》（宗観《そうかん》）大老です。

幕末に、命がけの激務の中で日本の将来を夢見ながら、ひと時の思いを『茶道一会集』に残しています。「二度とないお茶の一期に永遠を味わってこそ、物事に悔いは残りません。この一瞬の好期を逃すことは、あまりに惜しまれます。」と、一期一会の尊さを書き残しています。

「裏を見せ　表を見せて　散る紅葉《もみじ》かな」と、良寛さんは最期に生涯の思いを詠んでいます。桜田門外で散っていった大老の命の花にも、この一期の生き様が偲ばれます。

ところで、一期とはその瞬時のひと時とは限りません。この世に生まれて、世を終えるまでの、長い生涯も一期なのです。この一期とは、時の長さではありません。歳月の流れの中で心を通わす出会い（一会）に感謝し、同じ時空を大切に過すことに意義があるわけです。つまり、永久《とわ》の夫婦の関係も大切な一期一会となります。

いずれ訪れる終末を前にして、日々をどのように過ごすべきかを考えることが、この世に生を受けた私たちの命題です。お茶で語る一期一会とは、そのような大切な時間を迎えることをいっています。

すなわち一生も、一日も、一瞬も、すべて尊い「一期」です。その一期の時の流れに存在する、大切な出会いが「一会」なのです。

一瞬一刻は永遠の時（期）です。一挙一動は生涯の営み（会）です。

今に居ながらにして、明日に悩んだり迷ったりすることは、まったくの無意味です。ただ、今を精いっぱいに生きることが、明日になるのです。それが生涯だと思えます。

日本語には美しい言葉があります。

その一つに、お別れする時の言葉で「さようなら」があります。漢字で表すと「左様《さよう》なら」となります。この別れの言葉は、本当はお別れしたくないのに、どうしても別れなければならない特別な事情のある時に使います。つまり「左様の事情があるならば」という、せつない思いが込められた言葉が「左様なら」です。

また同じように「ありがとう」という言葉は「有り難い」が本来の語意です。めったに有り得ない尊い出来事や出会いに、心から感謝する思いが込められている美しい言葉です。

この世を終える時、大切な人へ贈る最後の言葉には「さようなら」と「ありがとう」との温かな二言がふさわしいのかもしれません。

アメリカン・インディアンの古い言い伝えに「貴方が、この世に生まれた時は、貴方は泣いて、周りの人たちは笑っていました。貴方がこの世を終える時は、貴方は笑って、周りの人たちが泣くような生き方をしなさい」という教えがあります。

限りのある人生です。良縁をもった方々と楽しいひと時を重ねていきたいものですね…。

(7) 知性と品格（愛と自由に生きた与謝野晶子）

現代のように茶の湯が解放的になった背景には、明治の女性教育に「茶道」が設けられたことが影響しているようです。

八〇〇年近く続いてきたお茶の世界は、およそ男の嗜みとして歴史を重ねていました。しかし、明治の新しい風が女性社会へと流れていき、現代の新しいお茶の風景を作り出しています。

現在、茶道は千家流を筆頭に約四十七流派が存在しています。そして約一〇〇〇万人ともいわれる日本のお茶人口の90％以上を、女性が占めているといわれています。

歴史が語るように、幕末から明治にかけて、新しい近代日本の建国が進んでいきました。思想の改革も進み、一般の人々も西洋文化を取り入れるようになります。そして新しい知識や技術を競いながら習得し、生活の価値観も変貌をとげています。

銀座には文明開化を象徴する「鹿鳴館《ろくめいかん》」が、近代日本の進むべき方向を示していました。この館は茶人でもあった外務大臣の井上馨《いのうえかおる》が三年を費やし完成させています。館の名称は『詩経』から、鹿の鳴く声が「調和の交際」をもたらすという説を引用し、名付けられています。

やがて時代は第一次世界大戦を迎えています。日本の経済復興と国家存亡をかけて男性たちは、こぞって戦場に向かいます。その一方、国の留守を預かる女性たちは、国家と家庭を守るべき情操の修得へと歴史が大きく動いていきます。

当時、男性たちが手にした武器は「銃剣」でした。

そして、女性たちが武器に選んだものが『知性と品格』です。


明治から昭和の動乱期に活躍したロマン派の歌人、与謝野晶子は愛と自由の意志を貫いた、女性解放の思想家でもありました。男女平等の教育を唱え、日本で最初の男女共学の「文化学院」を一九二一年に創設しています。

彼女は女性の自立について「女性自身が、自ら心身を鍛え技能を磨き、優れた人格を形成するように日々努め、人として生まれもった才覚を大らかに社会で開花させましょう」と説いています。

十二人の子をもつ母親として、また夫である与謝野鉄幹《てっかん》の活動を助けるかたわら、数多くの短歌を残し近代文学にも大きな影響を与えています。

彼女は「女性」として「妻」として「母」として、そして「人」として、歌をとおし多くの女性たちに自立と勇気を与えています。

与謝野晶子筆（大下所蔵）

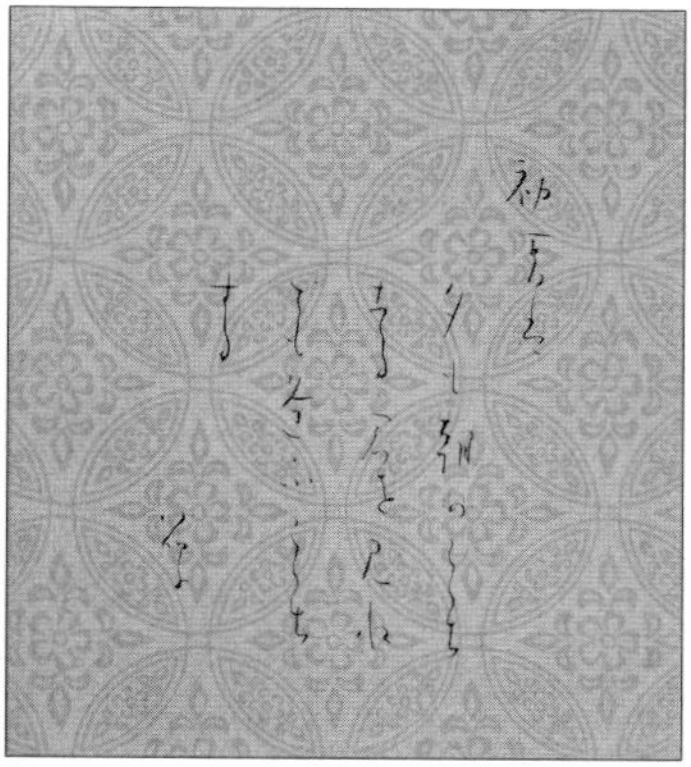

「初夏は　夕も朝の　ここちする
君を見ねども　逢ふここちする」

（大正６年・晶子39歳）

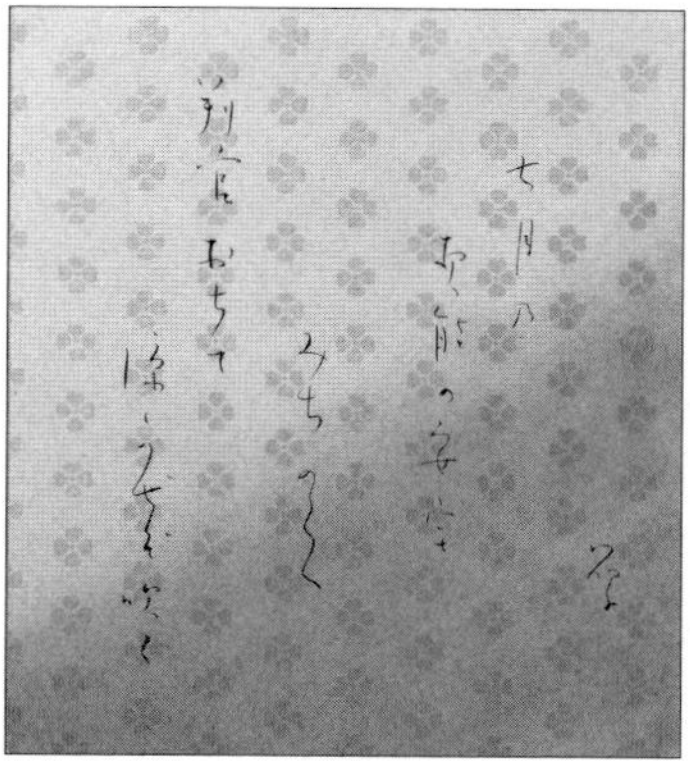

「七月の　夜能の安宅　みちのくへ
判官おちて　涼かぜぞ吹く」

（大正12年・晶子45歳）

ところで、日本には昔から「女人禁制《にょにんきんせい》」として、女性結界の風習があります。諸々の俗説はありますが、けして男尊女卑の悪しき制度ではありません。

そもそも、皇室崇敬の中心とされる天照大神は女性です。また本来の仏教にも、ある場所を結界して、女性の立ち入りを禁じる戒律などは存在しません。鎌倉仏教の道元や法然、親鸞も女人結界への解釈の誤りを強く批判しています。

その昔、仏教の修験者《しゅげんじゃ》が修業をしていた所は、険しい人跡未踏《じんせきみとう》の山岳地帯でした。

太古においては、深山には魑魅魍魎《ちみもうりょう》が住む危険な場所と考えられていました。そのような危うい場所に、子どもを宿す大切な女性を近づけてはいけないと「母体保護」の精神で生まれた心温かな制度が女人禁制です。

神道や仏教では人の年齢を「数え年」で言い表わすことが習いです。満年齢ではありません。数え年とは、母の受胎からこの世に産まれるまでの月日を一歳と数えます。それほど、神仏でも母体を尊いものととらえています。この世のいかなる人も、母体から誕生を得ているのです。社会で女性を守るべきは当然のことなのです。この考え方が、女人禁制の本意となっています。

時代が進み、険しい山道も整備されると信心深い女性が、参拝のために登山をするようになりました。そこで、危険を案じて結界石を置くようになったと、古くから伝えられています。

厳しい時代を生き抜く明治の女性たちは、修養を積むために茶道から多くのことを学んでいきました。

大正三年には、高等女学校の作法の授業に茶儀科が制定され、お茶の指導が始められています。茶儀科の教育のために「盆略点前《ぼんりゃくてまえ》」も、この時に考案されています。このように一般教養として「茶道」が女性社会に貢献する時代を迎えています。

この授業では、お茶の作法だけでなく洋風のマナーも教育されています。フォークの背（裏側）にライスをのせて食べるマナーや、紅茶や珈琲のカップを一八〇度回していただくマナーも、日本独自の風変わりな洋風のスタイルです。カップを回すマナーは、お茶の作法に準じて作られた和製の洋式作法ともいわれています。しかし、少し合理的とは思えません。

国際時代の現代に、あらためて世界のマナーと照らし合わせる必要があるのかもしれません。現在、食事のマナーにはイギリス式、アメリカ式、フランス式、イタリア式、インド式などと、それぞれの国によって文化風習は異なります。

各国独自の美しいマナー（作法）やエチケット（礼儀）が存在しています。

珈琲の場合は、飲み手側から見て、カップのハンドル（取っ手）を右側に向けて出すスタイルは「アメリカ式」です。アメリカでは珈琲をストレートで飲む人が多いために、飲みやすさを考えたうえでのやさしい心配りのエチケットです。

一方、ハンドルを逆の左側にして出すスタイルは「イギリス式」といわれています。ヨーロッパでは、紅茶や珈琲にミルクや砂糖などを入れて飲む人が多いために、右手でスプーンを使用した場合に、左手でカップをおさえ安定させる必要があります。そのために生まれたマナーだといわれています。

ソーサー（皿）上に置くスプーンの場所は、欧米スタイルはカップの外側（奥）に横置きします。日本の場合は、カップ手前にスプーンの柄を右にして横置きするのが、大手ホテルなどで主流としたマナーとなっています。

そして使い終わったスプーンはカップの外側（奥）に横置きするのが、世界共通のマナーです。

何気ない姿で食卓に並べられる食器にも、食事のおもてなしの心遣いが息づいているのですね。

さりげない「品性」に、前向きな心がけが『品位』を高め、凛《りん》とした確かな思いに『気品』が宿ります。そのようにして私たちの『品格』が形成されるわけです。その体得した清らかな品格は、家庭や社会を幸せにする喜びの宝物となることでしょう。

少子高齢化が進む中、国際社会ではいよいよ女性が活躍をする時代を迎えています。世界から愛される日本女性に求められるものは、大和心の『知性と品格』ではないでしょうか。もとより男性にも常備すべき、心の国際マナーでもあります。

(8) 和食の文化（御御御付《おみおつけ》と呼ばれる御馳走《ごちそう》）

近年、美しい日本の伝統文化が、日常から薄れていく寂しさを感じます。新しい欧米文化が早足で訪れている現代、私たちの食生活も随分と変わってきました。一八七一（明治四）年、明治天皇は「肉食再開宣言」を発布しました。約一二〇〇年も続いてきた天武天皇が発令した「殺生禁止令」、つまり肉食禁止令以来の解禁です。

このことが契機となり、西洋料理や中国料理などが和食に取り入れられ、多彩な折衷料理が発達し、現代の豊かな和食にいたっています。さて、私の大好きなカレーライスやラーメンは和食になるのでしょうか？ 少々、迷ってしまいます。

現代の食卓に並べられるメニューにも、にぎやかに国際色が彩られています。そのような中で、私たちが忘れかけている伝統食の「和食」に、世界の目がそそがれています。

二〇一三年十二月、日本の伝統的な和食が、ユネスコの無形文化遺産に登録されました。あらためて、和食という日本の食文化を再認識させられる出来事です。

海や山野の豊かな自然に恵まれた日本では、四季折々に新鮮な旬の食材がそろいます。

和食の特徴は、優れた栄養バランスの食事構成だけではありません。単に食事を栄養補充するためだけのものとは考えていません。

和食の文化とは、自然を尊び美しい礼儀作法により、相手への思いやりや感謝の思いを、食器に盛り付けることを食事としています。これが「おもてなし」の心です。

自然への感謝をはじめ、年中行事のお供え、調理の技術や盛り付けの美学、食卓の飾り付けや、マナーもすべて含めて、和食という日本古来の食文化なのです。

和食の代表例は、お正月の「御節料理《おせち》」です。重箱を飾るおめでたい料理には、五穀の豊穣や家族の健康の願いが込められた縁起《えんぎ》の良い食材が、陰陽五行の法にのっとり盛り付けられます。

たとえば、レンコンは将来の見通しが良いように、黒豆は元気でマメに動けるように、クワイは人生に芽が出るようにと、料理人がそれぞれの食材に祈りを込めて盛り付けています。

それだけではなく、健康面にも気遣う食材構成で「辛・甘・酸・鹹《かん》・苦」の五味と「生・焼・煮・蒸・揚」の五調、そして「青・赤・黄・白・黒」の五色という三種の『五法』は、和食の基本となっています。この食材のもつ五彩色とは栄養素を表すバロメーターです。家庭で料理をされる時には、五つの色をもつ食材を用意して調理されることをお薦めいたします。

しかし飽食の時代を迎えた現代に、毎日が御節料理のような食生活をしていたら、私たちの身はもちません。情操をわきまえた「素の和食」文化も大切にしなければいけません。

そもそも和食には「粗食」という概念はありません。粗末な命など何一つ無いからです。粗食ではなく『素食』が正道です。

春一番に芽吹くツクシ（土筆）の摘み草料理なども旬最上の素食料理です。料理人があちらこちらの野辺を駆け巡り摘み集めた、ツクシ調理はまさに馳走の姿です。心温かな御馳走ですね…。

【一汁一菜の美食】

鎌倉時代に武士の食事習慣として『一汁一菜』が確立されていました。

㈠汁物（味噌汁）㈡おかず（一品）、そして主食のご飯と漬物（香物）という質素な食生活を倹約の美徳としていました。すなわち一品の汁物と一品のおかずの二種を一汁一菜といいます。

そもそも、味噌汁のことを「御御御付《おみおつけ》」と呼ぶように、当時は一杯の汁物も大変な御馳走だったのです。

一汁一菜の食習慣は、禅宗の影響によるものです。この質素な食文化は医者いらずの医食同源の健康食でもありました。現代の豊かな食生活にも、体にやさしい和食文化を取り戻したいものです。

古来、日本には「吾唯足を知る《われただたるをしる》」という教えがあります。今ある状態に感謝して満足すること、つまり「知足《ちた》」の心を大切にしながら、貧しくても分かち合いながら楽しく暮らしていこうという人生の教えです。この貧しさを『清貧』といいます。この清貧に幸せの本質が宿っているのです。ドイツの作家ゲーテも「涙とともにパンを食べた者でなければ、人生の本当の意味はわからないでしょう」と、わずかな恵みの中に輝く、人生の尊さを語っています。

現在、国連ユニセフ（国連児童基金）の発表によると、世界では十四秒に一人の幼い子どもたちが、飢餓により命を亡くしていると報告しています。ほんの十四秒の瞬時に、食べる物が無いために尊い命がこの世から消えているのです。

心が壊れそうになる辛い現実です。現代の恵まれた私たちの食生活も、世界の視点で食糧事情を考えなければいけない時代を迎えているのです。

私たち日本人は、食事の前に合掌をして「いただきます」と、礼を払う習慣をもっています。この挨拶の言葉には「あなたの『命』を、いただきます」という尊い意味が込められています。この言葉を短かく略して「いただきます」と挨拶をしているのです。

私たちの命は、他の生き物の命を殺生したうえで成り立っています。まさに、他の動植物の命をいただいているわけですから、食に対する感謝の礼節は当然のことです。食べ物（命）に対して「好き嫌い」などの邪気は、もとより論外です。

また食事の作法にも、命をいただくわけですから無作法は許されません。隠れた人格や品性は、食事の仕方に現れるのも自然の道理です。人々はその食べ方を見て、その人の本性を知ることになるのです。ここにマナーの存在意義があるわけです。ゆっくりと食す時間も量も、味のうちです。

そして、食後には「御馳走さまでした」と料理人に敬意を払います。料理のおもてなしに、あちらこちらと走り回り（馳走）ご用意いただいた料理人の心遣いに、私たちが感謝の思いを伝える挨拶となっています。つまり、和食とは「いただきます」と「御馳走さまでした」の礼節をわきまえた、心美しい食文化なのです。

私たちにとって最高の料理人は、やはり、お母さんやお父さんでしょう。子どもの頃の手作り弁当の味が今も忘れられません。また、その調理法を習い毎日の食卓にアレンジする妻や娘の手料理にも、立派なシェフを彷彿させます。世界の名だたる料理人も、皆この道を通っているのです。

私たちは食べ物に対する尊い命と、馳走の有り難さを知る『美食家』にならなければいけません。和食の文化遺産の登録を契機に、現代の食文化のあり方を、日本人として再び見直すべきではないでしょうか。

また、食事に限られたことではありません。世界の人々は和食の根底に潜む、日本の精神文化に心の目を向けています。その和文化の象徴ともいえる一つが「茶の湯」です。

二、茶道に作法は無し

やわらかな陽射《ひざ》しに包まれた野辺には、そよ風が穏やかに流れています…。

草花が喜び踊る自然の中で、親しい友とお茶のひと時を過ごすのも楽しいことですね。

とざされた天井や壁もない開放された大空の下で、のどかな野点に親しまれてみてはいかがでしょうか。貴方のお茶をより一層、豊かなものにしてくれるはずです。

野点で必要になるお茶道具は「茶籠《ちゃかご》」や「茶箱」です。利休時代にもお花見や戦いの陣中などで野点を催していました。野外で自由にお茶を楽しむことを、当時は「野懸《のがけ》」や「野伏《のぶせ》」と呼んでいました。

自然の野山や川辺でおこなう野点です。茶室でのお茶とはずいぶんと勝手が異なります。山から降りてくる風が茶杓《ちゃしゃく》や茶筅などにいたずらをしたり、突如、雲の合間から雨が落ちてきたりと、予想を超えたお茶席となります。

野点では自然を相手にするので、形にこだわる茶法はなんら役に立ちません。そうかと言って、すべてが自由奔放になっていたのでは、お茶の本道からはずれます。単なるお茶飲みで終わってしまいます。

そこで利休は、野点のあるべき姿を次のように教えています。

「たとえ旅の宿や水辺、また船中や芝生の上などで茶籠を開き茶の湯をおこなうとはいっても、みだりに取り扱うことはお茶の本意ではありません。作法の手順や諸々の茶道具についても、こうしなければという作法などはありません。

しかし、定めた作法が無いということが逆に大法であり、決められた作法を超えた大茶人の作法でもあるのです。なまじ茶人風に所作をすることは無用です。むしろ自然と同化するように、落ち着いて無理のないように、楽しく茶の湯の世界を演出することを知りなさい」と、南方録の一節に語られています。

釣り人が「鮒《ふな》釣りに始まり、鮒釣りに帰る」と言うように、何気なく始めた事が、実はその道のりを経てみれば、ただ事ではない奥深い世界であったということがよくあります。野点にもそれに通じた奥義が存在しているのです。

茶室の小宇宙から自然界の大宇宙へと茶席の場所を変えるわけですから、茶の湯の気分も卓越した世界となりましょう。

「何よりも、何よりも、小さな物は美しく愛らしい」と、詠んでいたのは清少納言です。また、フランス服飾デザイナーのココ・シャネルも「シンプルさは、すべてのエレガントに通じたキーワードです」と語っています。

手のひらほどの小さな茶籠に、小ぶりの美しい茶道具をシンプルに納め、手厚く取り扱っていた当時の茶人たちの愛情が、現存する時代茶籠に偲ぶことができます。お茶の侘び、寂の美を極めた利休も「キンマの茶箱」という、華麗で宝石箱のような茶箱を大切に所持していました。

利休当時から、野点の点前や作法には特別な制定はしていません。それだけに、日ごろのお茶に対する姿勢が茶人に問われます。野点では熟達した茶の湯の本道が試されるわけです。

小さな籠に納められた小物の茶道具を扱う時は、大きな物を扱うような思いで、また短い物は、長い物を扱うように、そして軽い物は、重たげに道具を扱うように心がけることが求められます。お点前では、狭い場所でも広々とした心持ちで所作をおこなう、柔らかな心が必要となります。いかなる時や場においても、心に油断があってはいけないということです。

野点とは豊かな自然の中に身を投じ、心のおもむくままに茶の湯を自由に楽しむ世界です。

十八世紀、フランス革命に大きな影響をおよぼした思想家のジャンジャック・ルソーは「みなさん、自然に帰りなさい」と、民衆に自由の大切さを呼び掛けていました。

「文明は人を不平等にしています。自由で平等な自然の世界に帰り、自分の生命観をあらためて考えてみることが大切です」と、閉塞した人々の心に自由の大切さを説いています。

ルソーの教えは、時を越えて再び現代の私たちに自然の尊さを伝えています。

自然を愛し、人々の幸せの本質を説いたルソーは、音楽にも楽しさを見いだしていました。私たちが幼い頃に口ずさんでいた「むすんで開いて、手を打ってむすんで～♪」は、彼のやさしさから創り出された曲として、今も子どもたちに親しまれ歌われ続けています。

貴方も幼い日に戻り、野山や庭先で茶籠のピクニックを楽しんでみてはいかがでしょうか。忘れかけていた穏やかな童の心の世界を取り戻してくれることでしょう。

何よりも無理のない自然体は「王道」につながります。茶の湯も野点が王道なのです。


千利休が、戦国大名に伝えたという秘話があります。

「実は、秀吉公にはお伝えしていない茶道の極意があるのです。それは『茶道には作法が無い』ということです」と、利休はひそかに大名へ打ち明けています。

この利休の逸話は、小事の作法にとらわれて大事を忘れぬようにという戒めです。作法を超えた大作法と、ご理解いただければと思います。

(1) 剣術に構え無し（宮本武蔵の五輪書）

利休は「茶道に所作礼法、構《かま》うこと無し」と伝えています。そして、剣豪の宮本武蔵も「剣術に構え無し」と、同じように道のあるべき姿を書き残しています。茶の道も、剣の道も、極意は同じ精神世界に存在しています。

「神仏は尊《とうと》し、されど神仏には頼らず」。

一六三四年、神仏を敬いながらも、神や仏に頼ることを自分に許さなかった宮本武蔵は、静かに波乱の六十年を振り返り、剣の道を『五輪書』にまとめています。

密教の「地・水・火・風・空」の五巻に編成された五輪書は、剣の心に触れながらも一貫して、実戦をとおして説かれた実技実用の書物として知られています。

武蔵は、序章に「武士は文武二道《ぶんぶにどう》といって、この二つの道を嗜むことが武士の道です」と述べています。持論のとおりに武蔵は「武」のみならず「文」の世界にも優れた才覚をもっていました。

武蔵の雅号は「二天《にてん》」と称し画家、彫刻家としても日本の美術史上に名高い人物です。

東寺（教王護国寺）観智院・国宝客殿の床の間には、武蔵の『鷲の図』と『竹林の図』が対幅で並んでいます。また『枯木鳴鵙図《こぼくめいげきず》』の絵図などにも、武蔵の剣にもまさる豊かな精神性を偲ぶことができます。

五輪書『水の巻』にいわく、剣術は「水」を手本として、心を水のようにするのです。水は四角い器でも丸い器でも、それに従い姿を変えます。水の一滴が、大海になるのです。わが二天一流の兵法の道を、この水の巻に書きとどめます。つまり「剣術に構え有って、構え無し」を知ること。敵と向かい合った時、太刀に決められた「構え」が有るようで、実は構え方などはありません。その時、その場に応じて構えは変わるからです。その時、その場に応じて相手を斬りやすいように太刀の構え方を変化させるのです。

構える場合は、相手の太刀をどのように払おうとか、または受けようかなどと思ってはいけません。ただただ、相手を斬り倒すのだという一念を大事にするのです。すべては、相手を斬るためなのです。だから構えにこだわってはいけません。構えながらも構えにとらわれない心が大切です。このことが「構え有って、構え無し」の極意です。勝利につなげる方法を、わが二天一流の道として伝えます。よく練習をして流派を極めてください…云々。

剣の「構え」とは、お茶でいう「点前」に当たります。剣術の道もお茶の道も、昇りつめれば、同じ高嶺の月を見ることになるのです。

三、国際派の流儀

時代に激しい嵐が訪れました。その大きな風は新しい志となり、古き習わしを払いながら日本全土に吹きわたっていきました。

一八六八年、日本では二六五年も続いた江戸幕府が崩壊し、天皇を中心とする王政復古の新政府が樹立しました。近代日本の誕生です。

人権が尊ばれ、大衆にはさまざまな権利を差別なく平等に与える、機会均等などの原則が認められ、新しい社会が形成されていきました。世にいう「文明開化」の幕開けです。

当時「散切り頭を叩《たた》いてみれば、文明開化の音がする」と新聞に歌われたほど、明治初期の近代化や欧化主義の風潮は勢いづいていました。

やがて大正期を迎えると、社会では自由主義のデモクラシーの気運が高まり、今までの制度や、思想の改革が進みました。

そして大正時代から昭和の戦前にいたる時期には、西洋文化と日本文化が混じり合った和洋折衷の「昭和モダン」という、独特な世俗観が日本に生まれています。『文化』とは「文明開化」の略語です。文徳（知識と知恵）をもって人々を教化しようというものです。すなわち、私たちの生活にかかわる民族特有の衣食住の風習をはじめ、物心両面のさまざまな分野の様式を包含した、総合カルチャーの美徳精神の刷新が文明の開化です。

やがて時代の嵐は、古き良き時代の伝統文化までも洗い流すほどの勢いで、変化をとげていきました。その激動の洗礼を受けながら、私たちは国際化の新しい時代を迎えています。

そして平成の現在、グローバル時代に求められるものは「民族のアイデンティティー」です。今一度、いにしえに眠る大和の文化に心を寄せることが大切です。母国の文化を見失った無国籍の国際人になってはいけません。

真の国際人とは、常に母国の民族文化の尊厳を心にたずさえ、世界各国を羽ばたいています。この見識から開花した日本人の美しい礼節が『国際派の流儀』となるのです。

この大切な文化の素養を修得するためには、日常に伝統文化を学ぶ「心と態」の鍛錬が必要になってきます。さて、一概に鍛錬の学びとはいいましても当惑されるかもしれません。そこで先人たちの導きの姿をよすがとして、現代の教育のあり方をみていく事にいたしましょう…。

私たちに学ぶ心が有れば、その心こそが「わが身の師」となります。

(1) 教えは学びの道（花となりなさい）

「教え」は「学び」に通じる、一本の道です。

能楽を伝え残した世阿弥の相伝書『風姿花伝』には、教えの道がわかりやすく語られています。ここで、古式の伝書を訪ね、現代の教育のあり方を見つめ直してみましょう。

お能とは、風雅な神楽と尊ばれ、現代にも古式の舞歌により私たちを幽玄の世界へと誘います。その起源は推古天皇の時代にさかのぼります。

聖徳太子が天下安泰と人々の悦楽のために、六十六種類の遊宴をつくり、それを中楽《さるがく》と呼んでいました。以来、花鳥風月の景趣を取り入れながら、大和（奈良県）の春日神社や、近江（滋賀県）の日吉神社などの神事に舞いが奉納されています。そして、舞いを奉仕する役者たちが代々に語り続け、伝統の道を歩んでいます。

やがて、観阿弥が新しいお能の姿を築きあげ、演出や芸論を息子の世阿弥に伝えています。

世阿弥は、父の観阿弥から学んだ教えを『風姿花伝＝年来稽古条々』に納め、お稽古のあり方や教え方を現代に伝え残しています。

書にいわく、

お能は古式を真似《まね》るにしても、新風を愛《め》でるにしても、その内容をけして卑しいものとしてはいけません。その姿は幽玄に、すなわち言葉、音曲、舞い、もの真似などすべてに美しい柔和な姿を大切にして芸道、人道と考えるべきです。そして、人々の心に喜びと安らぎをもたらす、花となりなさい。

そもそも花とは、万木千草において四季折々に咲くものです。その時を得て咲く、珍しく美しい姿が、人々に愛される理由です。能楽も人々の心の機をわきまえて、珍しく美しい姿を伝えれば、すなわち愛される花となります。

その道に入門するのは、

（七　歳　頃）として、その子には、むやみに所作の良い悪いを教えぬように、ただただ自然にまかせなさい。けして幼心を傷つけ、お稽古を嫌な気持ちにさせないように教えることが大切です。

（十二歳頃）になると、だんだんと声の調子も良くなりお能も理解してきます。順序だてて教える数を増やしなさい。そもそも子どもの姿自身が本質的に幽玄なものです。あまり細かいことを言わずに、万事無理のないお稽古をデリケートにおこないなさい。けして、生涯の芸がこの歳で決まるわけではありません。気あせりはいけません。

（十七歳頃）は、人は難しい時期に入ります。幼少の幽玄さは薄れ体つきも変わり声も失っていきます。この時期は人さまにどのように言われても神様に願をかけて、この道を成就しようとする勇気をもち、朝夕に命をかけてお稽古に励むことが肝要です。

一生の浮沈の分かれ目の時期でもあるので、人に笑われてもお稽古を続けなさい。ただし、あまりお稽古にこだわり過ぎると、心身によからぬ癖を付けることにもなるので注意が必要です。

（二十五歳頃）は、生涯としての芸道が確立されてくる時期です。体も声も落ち着き、人々もその芸に目を見張るようになるでしょう。しかし、これは一時期の珍しい花を評価されているにすぎません。そのことに気付きなさい。そして、この時期にこそ「初心」を忘れることのないように強く自分の姿を戒めなさい。世間の良い評価に心を向けることなく、むしろこの時期は、その道を会得した人に事の深部を見聞きして、お稽古を増やしなさい。人々が評価する花は一時的な珍しさによるもので、ややもすると人々の心からその花は消えていきます。けして真実の花ではありません。

（三十五歳頃）は、お能も全盛の期に至ります。天下に許される名望も得られるでしょう。しかし、いかに上手とも未だに真の花になっていないことをつくづく知りなさい。その自覚が無いと、やがてお能の姿は下がります。よくよく深く考えねばならない慎むべき時期にあります。

（四十五歳頃）は、お能の舞い方も今までの姿と一変します。たとえ天下に許され、また道の法を得たとしても、自欲を捨てて良き後継者を育てなさい。むやみに芸を人前に出さず、むしろ控えめにして後継者を表に出すことが大切です。自分は脇役にさらりと対応していきなさい。若い花は面をつけず直面《じきめん》で舞えますが、貴方はこの時期に至っては面を付け、歳に合った芸態をしなさい。わが身を知る心こそが、その道を体得した真の花の姿です。

（五十余歳頃）は、おおかた何もしないという以外に舞い方はありません。

亡き父の観阿弥は五十二歳で他界しましたが、その二週間ほど前まで私（世阿弥）と一緒に駿河（静岡県）で華やかなお能を舞っていました。父は二十四歳の私にほとんど初心の芸を譲り、脇で無理のない芸を少な少なに舞っていました。その父の姿が私の芸にいっそう彩りを添えて、いよいよ見事に人々の目に映り、父の姿は美しさに賞賛されました。

お能は枝葉も少なく、また老木になるまで花は散らさずに残すものです。そして、花は枯れて散るから美しく咲くものです。だから人々の心に美しく伝わるのです。

その老木なる父の道なる花を、まのあたりに見せられ、人々の感動と喜びに満ちた真の花の姿を知らされた私は、貴方にその理を教えます。

まず、この道に入らんと思う人は非道をおこなうこと無く、遊女にくるうこと無く、賭博《とばく》や大酒の三重戒の掟を厳しく守り、お稽古はたゆみなく、うわつく良い話には耳を貸さずに、真の花なる道に励みなさい…云々。


室町時代の世阿弥の教えは、安土桃山の千利休の心にも届いていました。

利休高弟の山上宗二によれば、利休の『茶湯の稽古条々』には、十五歳から六十八歳におよぶ、利休の学ぶべきお茶の風体と修業の心得が語られています。お茶の作法の中に、能楽の教えが静かに溶け合っている証しです。

この花伝書は、先人が一つの理念を後人に伝えていくための「教育のバイブル」とも思えます。この教えは、お稽古のあるべき姿を年齢に応じて説明していますが、教える内容を段階的にとらえると、お稽古のあり方や進め方、そして、成長過程の諸々の教え方を、迷うことなく正しい道へと導いてくれるように思えます。

(2) 孔子の道しるべ（能楽と論語）

私の古い友人に、中国人の「孔健《こうけん》」という人物がいます。

気さくな彼は「孔子・直系子孫七十五代目」を継承し、孔子の末裔として、今も大切なご先祖の教えを広く社会に語り続けています。彼の話によると現在、孔子の親戚縁者は世界に約三〇〇〇万人もいるとのことで、本家の家系譜をたどると友人の彼が、その直系に当たるのだそうです。さすが歴史を重んじる中国です。約二五〇〇年におよぶ一族の史料管理には驚かされます。


紀元前約五〇〇年の中国・春秋時代の学者に「孔子」がいました。儒教の開祖でもあり「仁《じん》」を理想の道徳とした『論語』などを書き残した偉大な思想家です。前述の世阿弥の教えは、その孔子の論にも通じた理念でもあります。

孔子は論語で人生の「道」を語る際に、世阿弥と同じ観点で年齢ごとの習得法を「為政編《いせいへん》」に示しています。

「子《し》いわく、われ十五にして学に志す。三十にして立つ。四十にして惑《まど》わず。五十にして天命を知る。六十にして耳従う。七十にして心の欲するところに従いて矩《のり》を踰《こ》えず」と語っています。

すなわち、

（十五歳）になって、私は学問（儒教の祭礼儀式の礼法）の学びを志しました。

（三十歳）になって、社会の変化にも焦らず、独立した自らの立場を確保しました。

（四十歳）になって、さまざまな出来事に動揺する自らを戒め、心を引き締めて一切の迷いを捨て去りました。

（五十歳）になって、独り放浪の中から人間の力を超えた天命を知りました。

（六十歳）になって、古典の整理をしながら、人の言葉を素直に聞けるようになりました。

（七十歳）になって、自由で思うとおりに振る舞えました。

このように道を歩んできたので、人生のうえで道理から外れることはありませんでした。

と言い遺し、孔子は七十四年間の長い人生の旅を終えています。

孔子も世阿弥も、悔いの無い生涯の歩み方を「道」として、私たちに教えています。

さて、貴方はどの世代に思いを重ねられますか…。

少しでも、軽やかな日々を過ごすヒントを見つけていただければ幸いです。

(3) 王道の心得（四つの条件）

茶道、華道、香道、書道などと日本文化の精神は『道』という理念によって、正しい得心への導きと、真理の伝承のあり方を教えています。

さて、この日本の精神文化を伝える『道』とは、どのような意味をもっているのでしょうか。『道』という文字は「首」を始まりとし「辶《しんにゅう》」は行きつく終わりを意味しています。大極二元を一文字に合体させて道という文字が作られています。つまり道は事の終始を表しているのです。

その道の理念とは、芸術における最も美しい姿を創り出すためには、どのように技術を習得するべきか、またどのように生きるべきか、その歩むべき方向と方法を道の考え方としています。すなわち、精神を追求する求道の姿です。

それぞれ異なる芸の道ですが、思想の根底には同じ日本特有の道の考え方をもっています。

その理念には共通する四つの要素が存在します。

㈠ 精神の求道による奥義により、技の専門性を追求しています。

㈡ 見習うべき手本となる規範が存在し、心身を日々練磨しています。

㈢　専門的な修得法を代々に伝えていく、継承性があります。
㈣　この法は、すべてのものに通じる普遍性をもっています。

日本の道の考えには、この四つの要素の包含を条件として、現代に文化継承がされているのです。

古来、中国にも道の理念があります。しかし日本の道とは少し意味を異にします。

たとえば、道家の祖である老子や荘子が説く道とは、自然界の摂理と個人とを結びつける力であり、人の言葉や意思を超えた崇高な力の存在を道と説いています。

また孔子や孟子の場合は、自然界の摂理と社会とをつなげる道徳の心を、道の理念ととらえています。

そして日本仏教では、悟りに導く方法を道として考えています。

懸命に勉強をして無知から智恵を得て、さらに自分の意識や行動の中から私心を離し、無我無心になることを悟りの道と説いています。

つまり日本の道の考え方は、この仏教観から生まれています。さまざまな芸術・技能が作品や態をとおして、安らかな心を得るための精神修行の道となっているのです。

この日本的な「道」の理念で、最もわかりやすく説かれているものが、前述の世阿弥の『風姿花伝』です。能楽の歩むべき道を説く、典型的な日本の道の考え方といわれています。

ところで、世阿弥には道を説かなければならない切実な思いがありました。最愛の息子の元雅《もとまさ》が早くに世を去ってしまったのです。大切な能楽の伝承が途絶えては一大事です。そこで娘婿の金春禅竹《こんぱるぜんちく》を後継者として、能舞いの道理やおこなうべき道筋を説く奥義《おうぎ》(精神論)と、その教えを作法化した奥儀《おうぎ》(技術論)の二つの極意を伝えています。そのためにも確かな歩むべき道を説く必要がありました。世阿弥は、教えた道を歩むことにより能舞いにおける「技・心・無心」の体系に宿る、原理原則の理解が得られるものと道で教えています。

『風姿花伝』には「花は心、種は態なるべし」の一節があります。花と種という因果関係を用いて教えを説いているのです。種は養育され、いつか花になります。ゆえに、お能では技を繰り返し練習して身に着けることで、その結果として、道の理解に到達するものである、という教えです。つまり、いかに新鮮な芸を見せるか、いかに観客に面白みを伝えるかという原理を理解するための行程を、道として教えているのです。

私たちの日常にも、いろいろな心の活動があります。たとえば、写真撮影、お料理、手芸など、そのさまざまな活動にこの四つの道の条件を備え精神の求道が続く限り、一代限りの趣味の領域を超えた日本文化としての立派な撮影道、料理道、手芸道となるのです。

すなわち、末代まで継承される心豊かな精神文化が成立することになります。

(4) 観世流の教え(初心を忘るべからず)

世阿弥が著した能楽の書に『花鏡《かきょう》』があります。

その一節に「当流に万能一徳の一句あり。すなわち初心、忘るべからず」と述べられています。

私たちがよく耳にする「初心、忘るべからず」という戒めは、世阿弥の教えです。

世阿弥は能の教えの道を説く中で、たびたび「初心」の大切さを伝えています。

六十歳を過ぎた晩年に書き残した『花鏡』には、三つの初心について語っています。

(一)「ぜひ、初心を忘るべからず」
若い時の苦労や失敗などの貴重な経験により身に付けた芸は、生涯において大切にしなさい。

その時の初心をけして忘れてはいけません。貴方を助けることになるからです。

(二)「時々の、初心を忘るべからず」
若い時、最盛の時、老年の時、その時々の演舞の技を、その場限りにしてはいけません。

その時々に得た初心の学びを忘れてはいけません。貴方を助けることになるからです。

㈢「老後の、初心を忘るべからず」

老齢期には、その歳にあった芸風を付けることが老期の初心です。老いて初めて学ぶことを忘れてはいけません。貴方を助けることになるからです。

この三つ目の老期の初心とは、自らの未熟さを自覚して、新しい事態に対しても挑戦していく気構えの大切さを教えています。老いること自体も未経験のことでもあります。常に初心の戒めを心に置いて、前向きにチャレンジする姿を世阿弥は教えているのです。

世阿弥の芸術論を現代の経営者が「能舞い＝経営」「観客＝市場」「人気＝評価」として読み取り、ビジネスの参考にしているようです。これは、一事は万事につながる道理でもあります。

神さまは、私たちに心を一つしか授けていません。その一つの心で多くの物事の処理をしています。一つの事を理解できる心は、その他すべての物事を理解できるのは当然です。つまり、一つの心で一事ができれば、一つの心で万事もできるのです。

(5) 冬は必ず訪れる（アインシュタインの願い）

季節は巡ります。そして、いかなる時代にも必ず「冬の季節」が到来します。

紀元前六世紀のギリシャの時代に、子どもたちをひたすら愛し、人間教育を目的に夢を語り続けた「イソップ」で知られるアイソポスが、『アリとキリギリス』という童話を残しています。暑い夏の間に、おこたることなく汗を流しながら仕事を続けた「アリ」が冬を迎えました。その夏の間、歌ったり踊ったり遊楽に日々を過ごしていた「キリギリス」との物語です。私たちは豊かな時代にこそ、おこたることなく、あらゆる意味での冬支度をしなければいけません。そして冬支度には、正しい導きが必要になります。子育てにも通じた心得です。

歴史が教えるように、栄枯盛衰は世の常です。必ず厳冬の時代は巡ってきます。そのためにも、私たちは正しい道を、愛する子どもたちに伝えていく使命があるのです。

本来、子どもは遊びや学ぶことが大好きです。「これ何、あれ何」と、私たちに質問責めをしてきます。これは知的好奇心の芽吹きによる学習能力の輝きです。

子どもたちは教えなくても自らの力で学んでいく、たくましい力をもっています。これが生存本能というものです。子どもたちの澄んだ瞳がそれを物語っています。ですから、子どもたちに遊びや学びが上手にできないとすれば、この問題は子どもではなく、むしろ大人の側にあることに気付かなければいけません。

『学ぶ』という言葉の語源は「まねる」↓「まねぶ」↓「まなぶ」という流れで、できあがりました。つまり、子どもたちは親の背中を見てその姿を真似て、大人になっていきます。そのようにして子どもたちは、人の有るべき姿を親の姿から習得しています。ですから子どもたちの態を意味なく叱ることなどできません。子どもは親の鏡です。先ずは親の態を戒めることが先決です。子どもたちに教えるということは、親自身が自らを正し、心を定めることが前提条件なのです。

昔、落ちこぼれといわれ学校から見はなされた「エジソン」は、母の愛と父の教えに支えられ、後に電話機などを発明し立派な歴史をつくっています。

同じように、学校から無情な扱いを受けたスイスの「ペスタロッチ」は、親からの教えで学識のあるべき姿を知り、その後、貧しい子どもたちのために学校をつくり「愛の教育者」として世界の第一人者になっています。

そして、ノーベル賞を受賞した理論物理学者の「アインシュタイン」ですら、高校時代には成績が悪く、学校から中退の勧告を受けているほどです。

一九二二年、そのアインシュタインが近代日本について次のように語っています。

「日本の家族制度ほど尊いものはありません。欧米の教育は個人が生存競争に勝つためのもので極端な個人主義となりました。あたり構わぬ闘争が行われ、働く目的は金と享楽の追求のみとなっています。家族の絆はゆるみ、芸術や道徳の深さは生活から離れています。激しい生存競争によって、共存への安らぎは奪われ、唯物主義の考え方が支配的となり、人々の心を孤立にしています。しかし日本では、個人主義はごくわずかで法律保護は薄いですが、世代にわたる家族の絆は互いの助け合いによって、人間本来の善良な姿とやさしい心が保たれています。この尊い日本の精神が地球上に残されていたことを、私は神に感謝します」と述べています。

高度な教育を誇る現代に、はたして彼の知る真なる日本の姿が守られているのでしょうか。あらためて私たちは、子どもたちの純粋な視点に立ち戻り考えなければなりません。

世界が物語るように、教え導く原動力は「愛情」です。そして学ぶ者は、素直さと好奇心とにより立派に育っていくのです。

その昔「神さまは、一度にあらゆる場所に存在することができないので、母親をおつくりになった」という話があります。

母親のような愛情と、サリバン先生のような忍耐力により、正しい「道」を教え続ければ、子どもたちの小さな心に宿った夢は、やがて大きな世界へと羽ばたきます。その世界に導くのは、私たち大人に課せられた次世代への務めなのです。

その意味において、世阿弥の花伝書もイソップ物語も、時を超えて私たちに日頃の「行」の大切さを教えています。

現在、私たちは稀にみる豊かな時代の中にいます。しかし、少子高齢化の波は確かな足どりで厳しい冬の到来を告げています。私たちは、その越冬に耐えうる力と忍ぶ心を、後人に伝えていかなければなりません。そのためには、先人たちが残してくれた豊かな日本の精神文化に心を寄せて、再び現代の潮流の姿を見直すことが求められます。私たちは、何か大きな忘れ物をしているのかもしれません。

その懐古の一つに心豊かな香りや花の世界があります。まずは、その美しい文化の扉を開けて、温故知新の旅に出かけてみましょう。新しい時代に、古き教えの調べが届きます…。

四、香りと花の美徳

宙に漂う、うるわしい美香に包まれていると、何やら神さまの世界にでも迷い込んだような心持ちになります。

古くから人々は、何気ない素朴な日常の出来事にも繊細な心を近づけて、それを美学にまで極めてきました。香りの文化もその一つです。そして茶の湯の世界でも、魅惑的な香りをとても大切に取り扱っています。


茶庭の露地に一歩足を踏み入れると、しっとりと水に打たれた草木の香りに迎えられます。蹲踞《つくばい》の清水で心身の俗世の穢《けが》れを清めます。茶室の躙《にじ》り口に身をかがめ、静かに戸口を開けると、畳の藺《い》草《ぐさ》の香りとほのかに漂う空香が心を癒します。たおやかな光に映し出された茶室に着座すると、静かな幽玄界へと導かれる思いにひたります。

差し出された一碗のお茶の香りに揺れる心が止まり、ほどよい湯相の茶味がのどを通ります。「ゴクリ…」。この一瞬に邪気の生まれる余地などありません。お茶の風味が体に染み渡る時、じっと目を閉じ、すべての感性は飲むという行為にひたすら集中します。自然と無我無心の境地が訪れるのです。それは美徳の恩恵を享受するような、心の清まりすら生まれてきます。

古来、日本ではお客さまをお迎えするマナーとして、花を入れ、お香を焚き、お茶を点て、そして食事を振舞うという「おもてなし」の文化を、社交のあるべき姿と教えてきました。その姿の根源には、神仏を敬い献灯、献花、献香、献茶を手向《たむ》け、日々の平和を祈願するという昔からの日本の風習が影響しています。

日ごろ私たちは、五つの感性（視覚・聴覚・味覚・触覚・嗅覚）を、それぞれに働かせ、諸々の事象に応じながら生活をしています。とりわけ香りの世界は、嗅覚をはじめとしたすべての感性を総合的に働かせ、いわゆる「第六感性」で香りの世界に親しんでいます。このような神聖に満ちた世界にたたずむと、新たな自分との出会いが生まれてくるようです。

それでは、豊かな精神世界をかもしだす「香道」の歴史を訪ねてみましょう…。

お香に使われる香木が日本に渡ってきたのは五九五年、淡路島の浜辺に漂流してきた流木を漁民たちが焚いていたところ、何とも言えない、うるわしい香りが漂うので朝廷に献上したと、奈良時代に完成した日本最古の正史といわれる『日本書紀』には、書かれています。つまり歴史上では、この出来事がお香の起源といわれています。

しかし、仏教界では儀式などでお香を焚く慣例があります。お香の起こりは、むしろ五三八年の仏教が伝来した飛鳥以前の大和の時代にさかのぼると、考えた方が自然でしょう。

大和時代に始まったお香の文化は、まず仏さまにお供えする「供え香《そなえこう》」の儀式に用いられていました。

時代が飛鳥の頃になると、部屋の全域に香りを漂わせる「空香」が誕生しています。茶の湯で炉や風炉で焚くお香は、この空香となります。

お香は、日常性を超えた世界に心をいざないます。当初は神聖な儀式の場で、供え香や空香として用いていましたが、平安時代になると厳格な仏事や儀式香だけでなく、夢のようなうるわしいお香の嗜み方が、貴族社会にも広まっていきます。そのお香は「翫香《がんこう》」と呼ばれています。

王朝の貴族たちが好んだお香は、香の粉を練りあげて作られた物です。それは動物の「麝香《じゃこう》」や植物の「沈香木《じんこうもく》」などを混ぜ合わせた物でした。この種のお香を伝えたのが唐の学僧鑑真和上《がんじんわじょう》です。盲目の鑑真は、匂いで薬物の鑑定を誤ることが無かったほど、香力に精通していたそうです。

その後、お香のブームが世に広まっていった様子は、平安王朝の『源氏物語』をはじめ、多くの文学や絵画に優雅な風情で語られています。

(1) 一休さんの香十徳（香りは禅にあり）

古くから、お香に関する訓戒や効力などをまとめた教えに「香十徳《こうじゅっとく》」があります。
この香十徳は、茶人でもある禅僧の一休さんがまとめたもので、次の功徳を教えています。

㈠ 感格鬼神 …（鬼や神のように感覚が研ぎ澄まされます）
㈡ 清浄心身 …（身も心も浄化されます）
㈢ 能除汚穢 …（汚れや穢れを取り除きます）
㈣ 能覚睡眠 …（眠気を払いのけます）
㈤ 静中成友 …（独居の友となります）
㈥ 塵裏偸閑 …（忙しい時も心を和ませます）
㈦ 多而不厭 …（多く有っても邪魔にはなりません）
㈧ 寡而為足 …（少ない量でも香りを放ちます）
㈨ 久蔵不朽 …（長期間の保存でも朽ちません）
㈩ 常用無障 …（常用しても無害です）

一休さんは香十徳により、お香とは精神的に落ち着かせ、円満な人格の形成に役立つ「道」であると説いています。

足利将軍の東山時代以降になると、お香を嗜むスタイルも少しずつ変わっていきます。この時代に「香道」としての形式的な薫香《くんこう》が確立されていきます。それは粉末状態にした香類を、蜜や梅肉などで練り合わせて作る練香《ねりこう》です。このお香には、それぞれに銘が付けられていたほど大切に取り扱われていました。

日本のお香の文化は、神仏への供え香から始まり、平安王朝の薫香で花が咲き、そして香道へと進化していきました。

この流れは茶の湯の歩みと時代を共にしています。その担い手が香道流祖の三条西実隆です。その実隆から和歌や書を学び教養を深めていたのが、千利休の師匠である武野紹鷗です。茶の湯の世界に、お香の文化が溶け合うのも自然なことでした。

実隆の香道とは文学的な題名（証歌《しょうか》）を決めて、その題名がつくるイメージを、いくつかの香を組み合わせ表現するというものです。お香を文学や書の世界に融合させ、文学の夢をさらに広げ追求しています。

お香のテーマには和歌が多く用いられています。香りと文学を結びつけたところが、日本独自の香りの精神世界が開花した理由です。そして歌・書・絵・花など、すべての豊かな文化を凝縮させた、理想的な香りの世界を「道」という理念で確立していきました。

香道は、茶道と同じように何人かの人が同席して香を焚き、その妖美な香りを嗅いで時を愛《め》でるという精神文化を完成させています。

その後、明治初期になると茶道と同様に、旧態文化として風雅な香道も世間から消えゆく運命をたどることになります。しかし、明治も落ち着き始めた頃に、再び蜂谷家が伝承する志野流をはじめ幾人かの香人が現れて、いま見る姿にいたっています。

(2) 妖美な香り(第六感性の目覚め)

ほのかに漂う香りには、人々を幽玄で官能的な世界へいざなう、不思議な魅力があります。私たちが日常に出会うさまざまな匂いは「嗅ぐ」といいますが、お香の場合は香りを「聞く」と表現します。この感覚は音楽などと同じ精神領域で感応しているからです。

また香りが、かもし出す匂いの種類を「味覚」の五つの味で分類しています。そのお香の匂いは「甘い・酸っぱい・辛い・苦い・塩辛い」というように表現します。

この不思議な香りの正体は、香りの微粒子の化学物質です。この物質が鼻の奥にある嗅細胞を刺激して電気信号に変わります。その信号が感情や本能をコントロールする「大脳辺縁系」に伝わり、私たちを心地よい気持ちにさせているのです。

さらに心拍や血圧などを調整する自律神経を管理する「視床下部」へと伝わりリラクゼーションを目覚めさせます。もちろん、香りの信号は知的分野を担う「大脳新皮質」にも伝わり、夢のようなイメージを想起させているわけです。このような作用により、香りを聞いたり味覚で表現したりすることも、なんら不思議な出来事ではありません。

ところで、香道では香木の材質から香りを六種類に分けて、それらを六国《りっこく》と呼んでいます。この六国の分類をおこなった人物が、茶祖の村田珠光たちの文化人でした。その後、香木の香質を味覚に例えて「辛・甘・酸・鹹・苦」の五種類に分類し「六国五味《りっこくごみ》」と呼ぶようになりました。

㈠伽羅《きゃら》＝辛い＝ベトナム産（陽）㈡羅国《らこく》＝甘い＝タイ産（陽）㈢真那伽《まなか》＝酸っぱい＝マラッカ産（陰）㈣真南蛮《まなばん》＝無味＝インド産（陰）㈤佐曾羅《さそら》＝塩辛い＝インド産（陰）

㈥寸聞多羅《すもんたら》＝苦い＝スマトラ産（陽）、の六つの産地と五つの味に分類しています。

なお現在は「新伽羅《しんきゃら》」という伽羅の円熟していない香木が加えられ、七種類になっています。

香道では、聞香《もんこう》、組香《くみこう》、源氏香《げんじこう》、競馬香《くらべうまこう》などと楽しみ方がいろいろとあり、お香の世界は宇宙的な感性の広がりをもっています。

大切な方をお迎えする茶室には、魅惑的な香りのもてなしは欠かせません。香りの香力は心理的に豊かな影響を与え、いろいろな芸術や生活文化にも多くの恵みをもたらしています。そして現代の科学は、お香の効力が私たちの体にどのような作用があるのかを解明しています。

その香りには二つの効力が存在すると考えられています。

それは、感覚刺激による『心理的な効果』と、素材成分が作用する『物理的な効果』です。

ひと言に匂いといっても心を酔わせる美しい香りもあれば、逃げたくなるような異臭もあります。そのような異臭も、実は私たちに危険を知らせる大事なサインです。身を守るためにもけして無視のできない匂いの一つです。二十一世紀は、この物心二極の香りの特性を科学しています。

(3) アロマテラピーの世界（植物たちのオシャベリ）

最近よく聞かれる「アロマテラピー」とは、うるわしい香りを用いた健康療法です。花や草木などの植物性成分や、動物性の香り成分を利用し、メンタル的に心身の健康に役立てる古典療法です。アロマ（芳香）とテラピー（療法）の二つの言葉を合わせた名称です。

その起源は古く、約五〇〇〇年前の古代エジプトの史録に、アロマテラピーの記述が残されています。長い歳月の洗練を受けながら現代に伝わる芳香療法は、心を鎮静させる目的として、副交感神経にやさしく届くラベンダーなどを用います。一方、心を奮起させるには交感神経に届くジャスミンなどの刺激的なハーブを利用しています。そして、現代の高度な先進療法に、太古の芳香療法が見直されてきているのです。

その昔、戦国時代の日本でも、香りの効力が利用されていました。

武士たちが装備した兜《かぶと》や鎧《よろい》にさまざまなお香を焚きしめ、戦いにはやる心を鎮めています。また兵士の勇猛心を高めるためにクスノキ（楠木）から作り出す樟脳《しょうのう》や、ニッケイ樹皮の桂皮《けいひ》などの香りを活用していたことも史録に残されています。

そして「香り効果」に加えて、もう一つの「物理的な効果」があります。とても不思議な成分が影響しているのです。その不思議な香りの正体とは、森の樹木が発散する芳香成分の「フィトンチッド＝Phytoncide」です。この特殊な分泌物が、私たちの心に快気を呼び起こしています。

これこそが植物がもつ、もう一つの薬効パワーなのです。

この分泌物は、身動きのできない植物が、外敵から身を守るために放出する特殊成分です。信じがたいことに、植物の護身用の成分が私たち人間に、友好的な働きをしているというのです。

一九三〇年頃、ロシアのボリス・トーキン博士は、傷ついた植物の周囲にいる細菌が死んでいく様子を見て、植物が傷つくと放出する殺菌力のある揮発性物質を発見しました。

博士はその物質を「フィトンチッド」と名づけました。フィトン（植物）とチッド（殺す）との二つの複合名称です。

植物は毛虫などに襲われると、大急ぎで毛虫の嫌う成分を樹木や葉などに蓄えて、食べられないように身を守っています。そればかりではなく、その情報を近くの仲間たちにも教えているのです。その情報を聞いた近隣の植物たちは、毛虫の嫌う同じ成分を蓄えたり放出したりして、身を守り始めます。このように、植物同士は仲良くお話を交わしているのです。

この情報交流を「アレロパシー＝Allelopathy（他感作用）」と呼んでいます。この伝達手段に用いられている物質がフィトンチッドなのです。

一例に、珈琲などの低木は、小枝や葉々からフィトンチッドを出しているので、根元には雑草が生えにくいといわれています。

植物たちは、私たちの耳には聞こえない小さな声で「お話」をしているのですね。身近な草木にそっと耳を澄ませてみてください。楽しいオシャベリが聞こえてくるかもしれません。


神社やお寺の境内にいくと、イチョウ（銀杏）やアオギリ（青桐）の大木をよく見かけることがあります。この樹林は、火災に悩む江戸時代に、防火林として植林されたものです。火災時には、それらの木々の枝から水分を噴き出す性質を、当時の人々は知っていたのです。

また、川岸に植えられている桜並木には、汚れた水を浄化させる働きがあります。桜は美観だけではなく水質浄化の目的でも植えられているのです。お花見に出かけた時、桜の木の下で葉々から水滴が落ちてくるのに気付かれたことはありませんか。その滴が桜の作る聖水です。


言葉をもたない植物たちですが、静かな姿で私たちの体や環境を守り続けているのです。自然を守るということは、私たちの生命を守るということになるわけです。

このフィトンチッドは、古くから日本の暮らしにも活用されています。

たとえば、昔から親しまれている日の丸弁当の「梅干し」です。ご飯の酸化を梅干しのアルカリが中和させ腐敗防止をしています。その梅を塩漬けにする時に「赤シソの葉」を使いますが、シソ（紫蘇）は魔除けの意味をもった解毒の薬草です。なにも赤く染めるだけの物ではありません。

また鮮魚の下に敷くヒノキ（檜）の葉は、フィトンチッド効果で腐敗菌を無くしています。

お茶に出てくる生菓子に「黒文字《くろもじ》」という楊枝《ようじ》が添えられていますが、黒文字は、クスノキ科の落葉低木で、虫歯菌を殺菌するフィトンチッド効果をもっています。ここにも茶人の細やかな心配りを見ることができます。このように、アロマテラピーという芳香療法はメンタルの治療だけでなく、私たちの暮らしの中で命を守る「未病対策」の役割も果たしているのです。

すべての神経が香りに集中する時、心はさまざまな束縛から解きはなされます。この境地には「心と体」の健康があります。神秘な香りの効力は、雑然とした現代社会に求められる癒しの救世主です。このお香の力を、太古の人たちは暮らしの知恵としてきました。そして、伝統文化を残す茶の湯でも、飲茶の薬効だけではなく「茶葉の香り」の効果も、科学が解き明かしています。

秋も深まると、北国では産卵期を迎えたサケ（鮭）が自分の生まれ故郷に戻ってきます。懐かしい川の風景を思い出しながら、命がけで急流を昇り帰郷します。

そのサケは、自分が生まれた川の「匂い」の記憶を頼りに帰ってきていると近年、嗅覚説が解明されました。悲しいことに遡上率はわずか0.2％ほどで、残りのほとんどは故郷に戻ることができません。自然界では多くの動植物が、香りを大切にしながら必死に暮らしています。この大自然の中で、私たちも命を育ませています。サケの故郷を奪うようなことのない、美しい自然を私たちは守らなければなりません。

しかし、自然の尊さを理解しているはずの私たちは、それでも意に反して環境破壊を止められません。私たちは、この問題を正しく見ることができなくなったのでしょうか…。

イタリアの町モンツァの市議では、金魚を「丸い金魚鉢」で飼うことを禁止したそうです。この規制は多くの金魚を取り扱うペットショップから始まりました。その理由は、丸い水槽の中に居る金魚にとって、外の世界が歪んだものに見えて正しく見ることができないので、残酷であるという理由からだそうです。この話は、物理学者スチーブン・ホーキング博士の著書で知りました。このような、やさしさをもつ人々が地球社会をつくっているのです。私たち一人ひとりが、自然を守る心がけを忘れなければ、必ず母なる自然環境の破壊は、くい止めることができます。

この地球は、未来の子どもたちからの「預かりもの」です。自然を大切に守っていかなければいけません。

(4) 良寛さんの花と蝶（モネの愛した睡蓮と風）

春の女神が野原一面に、まぶしいばかりの花々を咲かせます。

良寛さんは「花開くとき蝶が来て、蝶が来るとき花開く」と、温かく結ばれた「人と人」との関係を「花と蝶」に例えて詠んでいます。

人の縁《えにし》とは、目には見えない糸で結ばれているように思えます。

しかし花は蝶を呼び寄せたわけでもなく、また蝶も花から誘われたわけでもありません。花と蝶はお互いを知る余地もありません。ただ自然の成りゆきにしたがい喜びの出会いを迎えています。

つまり「無心」に生きていれば、花と蝶のように美しい結び合いが、いつの日にか訪れるということです。

人の縁とは不思議なもので、探し求めてもけして見つかりません。しかし、いつか自然に良き友を運んで来てくれます。

私たちは時を急がずに、ただ花のように、毎日をおだやかに過していれば良いのです…。

良縁とは、そのような無心の中に宿る美しい蕾《つぼみ》です。

日本には、美しい花の文化を道とした華道の世界があります。その花々を巡る旅に出かけることにいたしましょう…。

華道は、古代アニミズムの流れがルーツとして考えられています。太古の人々は植物の生命観に、人間の意思を超えた神秘的な力を見いだし、やがて信仰の心が芽生えていったのではないでしょうか。紀元前十四世紀のツタンカーメンの棺の中にも、矢車菊の花束が飾られていました。

花の命は可憐な寸劇の時を過ごし、やがて静かにこの世を去っていきます。私たちの命の育みを、花の儚《はかな》い生涯に映し出していたのでしょう。私たちの日本でも、有史以前から暮らしの中に花々を愛する風習があったことは、疑う余地もありません。

日本の華道の発祥は、仏教伝来時に花を献じる「供え花」が由来となっています。

そして華道として確立されたのは室町中期で、京都六角堂の僧侶たちによるものといわれています。当時、僧侶たちは代々、池のほとりに住まいをもっていたので「池坊《いけのぼう》」と呼ばれていました。後にその名が、華道の流派の名称にもなっています。

やがて江戸中期には立花《たちばな》、または立華《りっか》と呼ばれる華道の形式が大成されていきました。江戸後期になると、上流社会から広く大衆の嗜みとなり、生け花を中心に人気を集めています。現代の華道は、江戸後期の文化文政に流行した「生け花・挿《さ》し花」のスタイルを指すことが多いようです。

ところで、茶の湯では植物の枝葉すべてを、花と呼んでいます。ですから春の若い小枝も花と呼び、秋枯れた照り葉も美しい花として大切に取り扱っています。もちろん、枯れゆく残花《ざんか》も雅な花に変わりはありません。

茶室に供える茶花は、とりたてて姿形にこだわる必要はありません。また豪華に美化する必要もありません。ただ自然の野山にあるように、一輪の花をそのまま床の間に手向けます。自然界がもつ清楚な美しさや枯れゆく儚さを、心静かに花器《かき》に入れることが「茶花」の本道でもあるのです。

茶花では、枝を曲げたり葉を切り落としたりもしません。そして花を「生ける」とは言わずに、茶の湯では花を『入れる』と言います。つまり「心入れ」です。花生けも「花入れ」と呼んでいます。茶花は軽く入れるのが基本です。入れるという所作は慎ましい、おごらぬ心を意味します。

床の間に花を入れる時は、あまり香り高いエネルギッシュな花は、静寂な空間を乱すのでひかえます。多彩な花々を盛り込むよりも、静かにたたずむ一枝一輪を入れたほうが空間は安らかです。また、人々に手厚く育てられた花よりも、厳しい自然の中で耐え忍び育った野生の花の方が、私たちに語りかける風情も異なります。茶の湯では、素朴で野趣豊かな花を理想としています。

茶室では私たちを除けば唯一、命をもった生き物です。心静かに対座して花と語らいをもつことも幸せなひと時でもあります。それが草花との一期一会の世界です。

植物の生命は、途絶えることなく、輪廻転生を繰り返しています。終わることのない命の営みの中で花は咲き、そして惜《お》しまれ散っていきます。散るからこそ、再び花に生まれ変われるのです。花の生涯が、私たちの生きざまに似ていることが、愛される理由なのでしょう。

茶人の井伊直弼大老の著『茶湯一会集』には「花は再び見ざるが習いなり」と、茶花の拝見のあり方を教えています。それは「主人が最も心をこめて入れた、茶花の瞬間を逃してはいけません。そして主人と茶花の問答がすんだら、二度と花を見てはいけません」と、茶花との一期一会の大切さを語っています。生涯に、ただ一度だけの尊い縁のひと時なのですね。

花は、温かな春を待っているだけではありません。あえて厳しい冬を選んで咲く花もあります。そのような純真無垢の花の壮麗さに勇気を与えられます。花は自然界の厳しい風雪に耐えながら、豊かな天地のエネルギーを養分として命を育ませています。

そして花は、私たちにいかなる苦しい人生を送っていても、必ず生涯に美しい花を咲かせる時期が訪れるという、自然の摂理を教えています。その喜びの到来を信じて、日々の生活に耐え忍ぶことを、花は私たちに語り続けているのです。

喜びの春は、辛い冬を越えて訪れるように、幸せはいつも、苦しさの後に訪れるのです。

光を描くフランス印象派の画家クロード・モネは、江戸の日本美術に魅了されて、東洲斎写楽《しゃらく》や葛飾北斎《ほくさい》などの詩情豊かな浮世絵を二〇〇点余り収集していました。それだけでなく、モネは日本の花鳥風月の美景を自庭に取り込み、見事な日本庭園を造営しています。池を掘り、船を浮かべ、池の渡りには歌川広重《ひろしげ》が描いた亀戸天神の太鼓橋を模して、藤棚まで設けています。十九世紀後半にフランスを中心に起きた、ジャポニスムの新風によるものです。

やがてモネは、池に浮かぶ睡蓮と水面《みなも》に映る光と風の美しさに心を奪われ、そのモチーフだけを探求するようになりました。晩年は画家の命でもある視力の障害に苦しみます。さらに心の支えでもあった最愛の妻と息子も失い、絶望の中で「睡蓮と風光」を描き続けています。

モネは視力の衰えで、絵の具もパレットにのせることができません。そこで彼は、チューブから絵の具を絞り出し、直接キャンバスに点や線をのせて描きあげています。まさに印象派の至芸です。

苦悩するモネの心を温かく支え導いたものは、水面に輝く睡蓮の美しさと、息子の妻ブランシュのやさしい励ましでした。モネの大作は彼自身の「心の花」を表現しているのです。

アートとは技や知識を離れた感性の発露です。特に決められたルールや言葉も必要としません。まるで寡黙な花のように、穏やかなたたずまいが私たちの心を奪うのでしょう。

それがゆえに、時や世代を超えて、人々の心奥深くに美芸の感動を運び続けているのです。

The Moon

第Ⅳ章．月の編

Those who love the moon　She loves in return

夜空に浮かぶお月さまには、なぜ『ウサギ』が住んでいるのでしょうか…。

今は昔、仲の良い「サル」と「キツネ」と「ウサギ」が、静かな里で平和に暮らしていました。ある時、三匹は道ばたで力尽きた老人に出会います。何とか助けようと、サルは山から木の実を集め、キツネは川で魚を捕って「これを食べて頑張ってください」と、老人を励まします。ところが、ウサギは困りました。今は冬です。いつも食べている柔らかな草が見つかりません。そこで、枯れ葉を集めて火を焚き「私を食べてください」と、火の中に飛び込みました。すると老人は聖者に変わり、さっと火の中からウサギを抱きかかえると、空高くへと昇って行きました。その時からウサギは、お月さまの中で楽しく暮らすようになったということです。

聖者は、わが身に変えて尊い「慈悲《じひ》」を表したウサギの心を後世に伝えようと、幸せに暮らすウサギの姿を、毎夜お月さまに映し出しているのだと『今昔物語』は伝えています。

この『月の編』では、いつくしみの愛と命の尊厳を訪ねます。

一、アートセラピーの世界

お茶の世界は、豊かな感性により創作された多彩なアートが育む領域です。そこには世界の人々に愛される美意識が息づいています。

現在、茶の湯は国境を超えて海外へと広まっています。すでに茶の湯は、日本人だけの精神文化ではなくなりました。東洋をはじめ世界の人々へと、世代を超えてお茶の心の波紋は広がっています。芸術のもつ力は偉大です。芸術は言葉をもたない、真の心を伝える言語です。

一九九二年、私は日本大学幼稚園をはじめ幾つかの施設から依頼を受けて、幼児や児童を対象にした「心理カウンセリング」をおこなっていました。

子どもたちが、過去のつらい出来事でモノクロームとなった小さな心の世界に、元気で鮮やかな色を取り戻すことが目的です。その時に用いた療法が、後述する芸術を利用したスクリブル画法＝Scribbleというメンタルケアです。

アートを手立てに、子どもたちの純粋な心の内面と語り合うことができました。

逆に、私の方が子どもたちから教えられることが多く、後のデザイン学校では福祉を目的にした

「アートセラピー学科」を創設し、多くの学生たちと楽しく有意義な芸術の授業がもてました。

幼児や児童の心理テストに用いる技法に「スクリブル画法」があります。言葉を上手に使いこなせない三歳から五歳ぐらいの幼児、または六歳以上の児童を対象に、心の内情を診断する技法として知られています。

具体的には、大きな模造紙に太マジックで自由に線を描いてもらいます。ゆらゆらと穏やかな線を描く子、険しくギザギザと乱暴に描く子、自由奔放に描く子、泣き出して拒絶する子などと、描きだされる絵画はさまざまです。

無心に描いた子どもたちの運筆には、心の内面が正直に投影されています。その仕上がった描写を読み取るという、メンタルケアの一種です。子どもたちは、解放された遊びの世界で、無意識に自らの心を線画に表現しています。この経験で驚かされることは「心と絵」の相関の正確さです。筆で描きだされた絵から、偽りのない素直な心の姿を見ることができます。

芸術とは精神世界の具像の姿です。現代の医療分野でも芸術が大きく貢献しています。それがアートセラピー（芸術療法）というメンタル療法です。

一九四〇年頃、イギリスの画家エイドリアン・ヒルが、結核から回復する過程でスケッチと絵画の治療効果を発見し、この療法を「アートセラピー＝Art Therapy」と命名しました。

アートセラピーとは、コミュニケーションの主な方法として、芸術を媒体に用いた、精神療法の一形態です。身体的・精神的・感情的な問題や病気、また障害のある人々などに無理なく適用できる絵画・スケッチ・写真撮影などの視覚芸術の表現手段が、治療のプロセスに用いられています。

画家のエイドリアンは「アートセラピーの価値は、芸術の制作時に完全に心を没頭させることで、自分を抑制させている創造的なエネルギーを解放することにある」と語っています。


第二次世界大戦後には、エイドリアンの療法を広めるために、芸術家のエドワード・アダムソンが活躍しています。彼は三十五年間、アートセラピーで数百という人々と心を通わせ続けました。日々描かれた彼の収集作品は十万点を超える膨大な量となり、現在も大切に保存されています。

またエイドリアンの活動と同時期に、アメリカでは女性心理学者のマーガレット・ナウムブルグとエディス・クレイマー博士がアートセラピーの療法を始めています。

現在、米国の多くの州ではアートセラピーは制度化され、社会的に療法が確立されています。

国際的な研究によりアートセラピーの有効性は、アルツハイマーと他の病気による記憶喪失・脳卒中の後遺症・認識機能障害・心的外傷後のストレス障害（ＰＴＳＤ）・うつ病・老化防止など数多くの心理療法に貢献しています。

また、ナウムブルグは前述した「スクリブル画法」の考案者でもあります。

このスクリブルの代表的な例として、四十二歳のうつ病のカナダ人女性にスクリブル画法を実施することにより、彼女は、長期間の悲惨な人生体験を発散し、それまで抑圧されていた児童期や、成人期の記憶を回復したという事例が、世界的に有名です。

現在、スクリブル画法は就学前児童の発達診断や機能診断、また人格診断などをはじめ身体表現性障害、思春期妄想症、ネグレクト（育児放棄）障害などに有効だといわれ、広くメンタル療法に用いられています。

アートセラピーは芸術の創造的なプロセスを利用し、心身の健康を改善強化させる、とても心安らかな心理療法です。

芸術が世界の人々に愛され続ける理由は、私たちの心の奥深くまで語りかける力を芸術がもっているからです。

茶の湯とは、人へのおもてなしという「愛の心」と、それを姿に表す「美の心」を求道する芸術の精神文化です。

それでは、心をやさしくほぐす芸術の世界へ、明日の夢を探しに出かけてみましょう。

【天使の陽光】1989年　大下克己画　油彩1620×1300（F100号）
Basilica di San Pietro - VATICAN（イタリア：サン・ピエトロ大聖堂）

二、美しい老い

少子高齢化の社会を迎えて、私たちの老いの過ごし方にも美しさが求められる現在です。

そこで、認知症をテーマに「記憶と忘却」について、少しお話しいたします。

認知症は、なにも高齢者に限られたものではありません。若い人々にも静かに忍び寄る、世代を超えた問題です。この対処法にアートの力が役立てられています。


一九九八年、私は都内のある大手設計事務所の依頼により、特別養護老人ホームに「芸術療法」を用いた室内デザインをおこないました。

認知症の患者さんに、心やさしいケアを望まれる病院の温かなリクエストでした。

私は淡いパステルカラーのピンクやブルーの配色で、重い病室の空間に安らかな風を呼び込むことにしました。すると、いつしか患者さんをはじめ、施設で働く方々に笑顔が咲きだし、なにやら魔法に掛けられたような不思議な体験を覚えています。

今も色彩が奏でるメロディーが、病院に訪れる方々の心をなごませていることでしょう…。

(1) 晩節の美学（未完成の美）

ある物事を記憶することは、とても大切なことです。しかし、忘れることも大切な心理です。いつまでも古い記憶に縛られていては、軽やかに前へ進むことができません。暗いネガティブな思い出は捨て去る努力が必要です。

ところが、記憶に留めなければいけない大事なことまでも忘れてしまう、寂しいケースがあります。これが「認知症」です。


物事を記憶したり、考えたり、判断をしたりする脳の働きを「認知機能」といいます。この認知機能が、何かしらの原因により日常生活で支障をきたす状態が、認知症の症状です。

認知症の約70％を占める「アルツハイマー型」が代表的です。それは脳の神経細胞の異常萎縮が原因で起こります。また、脳梗塞《のうこうそく》などによる脳血管の異常が原因の「脳血管性型」があります。そして異常タンパク質が大脳皮質に出現する「レビー小体型《しょうたい》」があります。このレビー小体型は、認知障害だけでなくパーキンソン病のような運動障害も併発するのが特徴です。以上の三症が全体の約90％にあたるので「三大認知症」といわれています。

そのほかに、脳外傷や脳腫瘍《のうしゅよう》などの認知症が約10%となっています。現在、六十五歳以上になると、予備軍を含め四人に一人が認知症といわれ、国内では八二〇万人を超えると報告がされています。(二〇一〇年・厚生労働省推計)

健康な人でも加齢とともに脳の萎縮は始まります。それによるダメージは緩やかに進行していきますが、アルツハイマー型は脳萎縮のスピードが速く、記憶・時間・場所・人物認識・会話・日常生活などへの変化が顕著です。

ところで、認知症の症状でよく知られている現象が「もの忘れ」です。

しかし、歳を重ねれば誰にでも訪れる「もの忘れ」です。知っているはずの人や物の名前がすぐに思い出せないなど、日常でよくあることです。かくいう私もその一人です。

そこで、加齢による「もの忘れ」と、認知症による『もの忘れ』とは区別がされています。

加齢による「もの忘れ」とは、たとえば行為や出来事の一部を忘れる、また思い出すのに時間がかかる、何を食べたのか思い出せない、などは一般的な老化現象です。誰でも通る道ですから大きな心配はいりません。

その一方、認知症による『もの忘れ』とは、出来事そのものを忘れるために「食事をしたこと自体」を忘れてしまいます。「ご飯はまだ？」と、食事を済ませたにもかかわらず、何度も催促をするような事があるといわれています。

そこで、認知症対策の妙薬をご紹介します。それは芸術に親しみ『右脳の活性』を、毎日の暮らしに取り入れることです。

芸術の世界には年齢の壁などありません。もちろん老いもない憩いの場所です。その中に息づく安息の時間が美の領域です。美とは完成の姿ではありません。未完成の姿にこそ真の美が存在します。雲ひとつ無い、澄み渡る夜空に浮かぶ月も美しい姿です。しかし、たなびく雲に姿をわずかに隠す月のほうが、はるかに魅力的です。つまり人の心も同様に未完成だから美しいのです。少しでも完成に近づこうとする、けな気な姿に私たちの心は奪われます。その未完成さに、最上の美が存在するからです。

人が山だという場所は谷かもしれません。谷だと思っていた所が山なのかもしれません。人生の山でも谷でも大きな問題はありません。そこには等しく美しい風韻が流れています。社会の常識という重たい衣から身をほどき、童心のような思いで芸術に親しまれてはいかがでしょうか。

貴方を平和で穏やかな時がやさしく迎えてくれます。

【至上の愛】

※1998年 特別養護施設のマークです

(2) 記憶と忘却（想い出は愛の産物）

認知症は、私たちの「脳のトラブル」です。

私たちの脳の構造は、中心核部に爬虫類脳（視床下部や脳幹など）があり、その上皮に哺乳類脳（海馬や扁桃体など）があります。それを覆うように霊長類脳の「左脳と右脳」が発達し脳の全体ができあがっています。その左右の脳を脳梁《のうりょう》がつないでいます。そして三種類の脳は、電気回路により結び合い、私たちの脳は機能しています。

太古の時代に人間が爬虫類から派生して以来、その脳の構造や働きはほとんど変わらずに、現在まで残ってきたものと考えられています。

すなわち、私たちの遺伝子は両親の二人から受け継いではいますが、この地球上に初めて生命が誕生した太古の遺伝子が、途絶えること無く私たちの体の中で、今も生きているということです。ですから、私たちはどのような環境下でも、力強く生き抜くポテンシャルをもっているわけです。私たちの遺伝子は、厳しい氷河期も耐え抜いてきたわけですから、この世でできないことなど、何ひとつありません。もしも、できないと嘆くのであれば、それは私たちの邪心にすぎません。私たちの遺伝子は過酷な自然界に耐え、そして選ばれて現在に生かされているのです。

私たちの脳は、食事や睡眠といった生命維持を主な役割としています。その中で『左脳』は、言語をはじめ顕在意識や単一情報の処理などを担当しています。一方『右脳』は、イメージをはじめ潜在意識や大量の情報処理などをおこなっています。いうなれば、左脳はデジタル的な「感覚脳」です。そして右脳はアナログ的な「感性脳」といえます。

ところで、現代は記憶偏重型の時代です。学校や社会でも、しきりに「左脳」を過度に酷使させ日常が動いています。一般的に記憶感覚は単一的に働きますが、左脳にも当然に許容範囲があります。その限界を超えるとノイローゼが襲い掛かり、躁《そう》や鬱《うつ》状態を誘発させます。やがて記憶逃避となり、常習的な記憶障害が起きてきます。これが認知症の予備軍といわれる現象です。現代の大きな社会問題は「老人性認知症」ではなく、むしろこのような社会環境が作り出す『若年性認知症』の増加が挙げられます。

記憶は大切な能力です。その記憶を支える力が、実は「忘却力」なのです。つまり記憶力を高めるためには、忘れる力が必要だということです。新しい情報を得るには、古い情報を捨て新旧の代謝をさせる必要があります。ところが記憶と忘却のバランスが崩れ出しているのが現代社会です。受験勉強やビジネスのスキルアップといって、過度に左脳人間を社会は創出しています。この状況は近い将来、認知症の予備軍を作り出していることでもあります。そこで「右脳の活性」が強く求められる時代を迎えているのです。

すなわち、このような時代にこそ、右脳の世界を開花させる芸術に親しむことをお薦めします。

記憶は「愛」の産物です。記憶こそが人間にとって生きてきた証しです。嫌な思い出も含めて時を経ると、すべてが懐かしくなるものです。その記憶が薄れだし、ぼんやりとしてくるのが認知症です。その薄らぐ中でも記憶を蘇らせるものがあります。それが、いにしえの愛の思い出です。

無用なものに執着している記憶は、すべて忘れて良いのです。残すべきものだけを大切に記憶に留めていくのです。この世に生まれてきて良かったと思える出来事だけを、心の記憶に残すのです。

若い時の辛い出来事も悔しい出来事も、やがて時間が薄めていきました。それは、明日を全力で生きるための忘却本能です。つまり、私たちは忘却と闘う必要がないということです。ですから、忘れる能力も大切にしなければいけません。忘却力は記憶力を活性させる起爆剤です。「忘れる力」と「記憶する力」のバランスがとても大切なのです。

もしも忘れてしまったら、微笑みながら身近な友に尋ねれば良いのです。それでも記憶に残らないのであれば、その程度の情報にすぎないのだと「執着する心」を捨てされば良いことです。ですから、認知症は恐れるに値しません。

(3) 心地よい『空《くう》』の世界（とらわれない心）

一休さんは「この世は『空』の世界です。その中で一休みしているのです」と語っています。良寛さんは「子どもたちと無心に遊ぶ中に、俗世の苦しみから脱する方法があり、この無心こそが『空』の世界です」と言っています。

ところで、一休さんや良寛さんの語る「空」とは、どのような世界なのでしょうか…。それでは心地よい空の世界にご案内いたします。そこには無益な「執着心」は存在しません。

たとえば、目的地が同じ三本の道があるとします。

左の道は暗く険しい荒れた道です。一方、右の道は綺麗に整備された平坦な道です。「空」とは左でも右でもない、真ん中の道のことをいいます。険しい左の道にも美しい風景があるでしょう。また、平坦な右の道にも嵐が訪れることもあるでしょう。どちらの道にも、それぞれ予想を超えた世界があるものです。私たちは、どちらの道を選ぶか思い悩むことなく、ただ真ん中の道をたんたんと歩めば良いのです。これが「空」の考え方です。

また、三つの器にお菓子があるとします。

一つ目の器にはチョコレート、二つ目の器にはクッキー、最後の三つ目の器にはチョコレートクッキーが入っています。私たちはチョコレートにしようか、それともクッキーを選ぼうかと迷います。しかし、美味しければどちらでも大きな問題ではありません。思い悩むことなく、三つ目のチョコレートクッキーを選択すれば良いのです。これが「空」の考え方です。

私たちはいつも二極の選択に心を迷わせ悩み苦しみます。しかし、そもそも二極は、常に変化を続け留まることをしません。この不確実な二極に私たちは翻弄《ほんろう》され、心に苦しい悩みを抱きます。

悩みには原因があります。この原因となる出来事に執着する心を離せば、自然と悩みや苦しみは心から消えていきます。この執着からの離脱が「空」の考え方です。

つまり、固定観念を取り除き、偏らない中庸《ちゅうよう》の心の姿が「空」の世界なのです。

私たちの心を悩ます悲しみや苦しみから離れる方法に、大切なキーワードが二つあります。

それが『無』と『空』です。無と空の世界は似ていますが、実は意味が異なります。

私たちがもつ言葉の不完全さが原因して、この二語の認識が曖昧になっている感があります。

しかし、事はとてもシンプルです。

それでは、私たちを悩ます「悲しみや、苦しみ」から脱するために、この二つのテーマを考えてみましょう。この事をおわかりいただければ、この世の悲しみや苦しみは、すべて消えて無くなり心地よい暮らしを迎えることができます。

まずは『無』の概念です。

中国の老子は「この世のすべては、無から生まれて有となり、その有から天地万物が生まれる」と語っています。つまり「無」とは、何ひとつ無いという世界ではなく、ありとあらゆるものを内蔵させている状態を「無」といっています。

正確には「無」とは無限界を表わし「有」とは有限界を意味しています。すなわち、無とは何も無い空っぽの状態ではなく、数えきれない物々がいっぱい宿された心の世界なのです。

たとえば、無一文でまったくお金が「無い」ということは、お金を作り出す豊かな可能性を蓄えているということです。また、食べるものが無く、お腹が空っぽになっている時には、質素な食事にも感謝の思いが生まれ、人と分かち合う喜びも芽吹きます。満腹時には得られない心の充足に、幸せ感が満ちあふれます。

つまり「無」とは、「有」を生み出す源泉なのです。

私たちを悩ませる悲しみや苦しみの種は、無の世界に存在しているということです。ですから、私たちは悲しみや苦しみから逃げることは不可能なのです。忘れたつもりでいても、再び心の中から有の姿として、悲しみは蘇る宿命をもっているからです。また、お金や物などの欲からも同じように逃れられないのです。

そこで『空』の存在に価値が生まれます。空とは、無でもなければ有でもありません。同時に、無でもあり有でもあるという心の世界です。

私たちが悲しみに拘《こだわ》れば、すなわち心に「有」とすれば、悲しみは心を動かす「有」となります。反対に、拘らずにいれば、すなわち心に「無」とすれば、悲しみは心から離れ「無」となります。私たちがこの悩ましい悲しみから脱するには、悲しみに対する拘りを捨て、心の執着を自由に解き離すことが、安らぎの道です。

悲しみの思いを断ち切るためには、無と有の挟間の『空』の世界に心を住まわせることになります。すなわち空とは、どちらにも偏らず、どちらにも属さず、どちらにも捉《とら》われず、有るがままの姿を素直に受け入れて、中庸の心で過ごすことなのです。

有るがままの姿とは「自然体」のことです。しかしこの境地は、たやすく得ることはできません。その理由は、私たちは毎日を「心」で暮らしているからです。その心とは、常に激しく動くものだからです。

そこで必要になるものが「精神」です。精神とは、穏やかで存在感の淡いものです。心のように喜怒哀楽に動かされるような性格をもっていません。しかし、精神は静かなものですが一度目覚めると、心とは異なる性格を表します。その性格とは、揺れ動く心を止めることです。つまり精神は「不動心」をつくります。

「空」の世界へ向かうには、激しく動く心ではなく、静かな不動の精神が助けになります。

その精神を目覚めさせるためには、日ごろの「行《ぎょう》」が必要となります。行となるものには数多くのものが存在します。お茶の道も、行をもって精神を目覚めさせる一つの道です。

しかし、行といっても一人で鍛錬するのも至難の業《わざ》です。精神も大切ですが、心も大切です。

そこで、空の世界を得る近道をお教えします。それは『子どもに帰る』ことです。

子どもは、悲しみに執着しません。偏りの心も抱きません。素直に物事を受けとめることができます。喧嘩をしても根にもたず、明日には仲良く一緒に遊ぶという大らかさをもっています。この素直さは、心の自然体の『空』の境地ともいえます。

子どものように、嵐の中を闊歩するような生き方が、人生の悲しみから逃れる道だと思えます。これが陰陽和合の理です。つまり心地よい『空』の世界は子どもたちの心に宿っているのです。

「空」の思想は、仏教の中心的な理念です。

私たちの身近にある経典に『般若心経』があります。般若心経を一言でいうと「空の教え」です。中国唐の時代に玄奘三蔵法師が、お釈迦さまの説いた八万四千という膨大な法典を二七六文字に修訳しています。その経典には「色即是空《しきそくぜくう》　空即是色《くうそくぜしき》」の一節がありますが、心物すべての事象を「色《しき》」と呼んでいます。その「色は空」であり、そして「空は色」でもあると説いているのです。これは逆説の真理です。たとえば「負けるが勝ち」「急がば回れ」のように一見、理に反していますが、よくよく考えてみると逆も真理であるということです。つまり悲しみなどの苦境が契機となり、喜びの世界を見いだすことにつながります。心配には及ばないということです。すなわち生きるうえでの悩み、老いる悲しさ、病の苦しさ、死ぬ恐さは「とらわれない心」で受け止めれば、生老病死の四苦《しく》の実態はすべて消えて無くなります。この解脱《げだつ》の方法を般若心経は諭《さと》しています。

そして、とらわれの心から離れることで、偏りのない有りのままの姿が自然に見えてくるようになります。それが「智恵（慧）」の目覚めとなります。この智恵は自我から離れて無我になることで、他人のことが自分のことのように思えてきます。このやさしさが「慈悲の心」の芽吹きです。

古来、般若心経は『空』により「智恵」と「慈悲」の教えを説く物語です。

すなわち「空」の悟りとは、純粋な幼い子どもたちから生き方を学ぶことで見えてくる精神世界なのです。

(4) 春のお迎え（人々に愛されて）

『おさな子が　しだいしだいに　智恵つきて　仏《ほとけ》に遠のく　なるぞ悲しき』

一休さんは「歳を重ねて、常識を学び生きようとすることは、逆に常識という規則の枠にはまり、頭でっかちの人間をつくります。それは心を失い、真理から遠ざかっていくことですよ。これほど悲しいことはありません」と、語っています。

若い時には、人生は「足し算」です。多くの物を求め多くのことを学び、多くの経験を積み重ねることは大切な道のりです。しかし老いては人生を「引き算」に変えていかなければいけません。呼吸のように、若い時には胸いっぱいに外界の新鮮な空気を吸い込み、そして晩年には無用になった空気を穏やかに吐き出すのです。

これは物事に対する深呼吸でもあり、心の新陳代謝です。老いを迎えたら、今となっては無用になったものや、不必要なものは心から捨てなければいけません。

晩年に必要なものは「自愛」です。

ひたすら自愛を追求すれば、やがて他愛につながることを知ります。私たちは一人で生きてはいけません。私自身を大切にするということは、私にかかわるすべての他者を大切にしなければ、私自身の人生は成立しません。この生き方が、自愛の道が「他愛」に通じるという道理です。

その気付きにより人々や物たちの愛に包まれた、幸せな世界にたどり着くことができるのです。そのためには、自らの人生に何が必要なのかを見定めて、日々を大切に過ごすことが肝要です。

晩年の人生には、制約の無い楽しいことが無数に存在しています。その中のたった一つを大事にしながら暮らしていれば、やがて穏やかに迎えが来てくれます。ただ、その春を待っていれば良いのです。私たちが迎える死とは『春のような』ものなのです。私たちは自然界から命のエネルギーを一時的に借りて、この世に生れてきました。そしていつの日にか、借りていた命のエネルギーを自然界にお返ししなければなりません。その約束が死というものです。

人は死ぬことを約束してこの世に生まれ、そして今を生かされています。私たちに死があるからこそ、生の尊さを理解させてくれるのです。充実した生き方なくして、安らかな死があり得るはずはありません。死を見つめることは充実した生き方です。それが老いの円熟した人生の美学です。その美しい老いの姿が、残された人々の心の中で花となり生き続けるのです。

老後に至り、晩節を汚してはいけません。美しく歳を重ねるために「右脳の世界」を楽しみましょう。それは『子どもに戻る』ことなのです。

三、第六感性の目覚め

赤ちゃんが、一つのオモチャを見つけました。もちろん生まれて初めての出会いです。そこで、赤ちゃんは本能的にオモチャの学習を始めます。

まず初めに「視覚」により色彩やその物の姿や形、そして動く物かどうかを学習します。続いて「触覚」の行動に移ります。オモチャを手に取り、その物の重さや硬さ柔らかさ、さらに質感や温度までも学習していきます。そして「聴覚」を働かせて学習を続けます。無邪気に振り回したり、ぶつけたりしながらオモチャの音を聴き取ります。次に「嗅覚」と「味覚」での確認です。オモチャを口に運び、しゃぶりつきます。その時に匂いを嗅ぎ味も調べ、オモチャの実体を正確に認識していきます。

驚くことに、この五感による一連の学習行動が終わると、赤ちゃんは最後にオモチャを壊しにかかります。壊すという行為は、物を作りたいという創作意識です。オモチャが壊れないことを学習すると「ポイッ」と投げ捨てます。そして次の新たな学習の対象物を探し、再び同じ学習行動を繰り返します。

この学習時間は、わずか六十秒間という瞬時の出来事だと、アメリカの脳外科医グレン・ドーマン博士は永年の臨床結果を報告しています。

たとえ無邪気な赤ちゃんのしぐさに見えても、この世に生を受け一人で生きていかなければならない赤ちゃんにしてみれば、懸命に生きようとする本能の学習姿勢なのです。

時が流れ、やがて一人で生活ができるようになると、寂しいことに五感性は鈍化していきます。その劣性を補うように働き出すのが『第六感性』です。

姿、形、色彩、手触り、香り、味わいなど、心に美しく伝わるものであれば、私たちは本能的に心に感動を覚えます。そして触れてみたい、味わいたいと求める心情が豊かに芽吹き始めます。

さらに美しい物を真似てみたい、作ってみたいと美の世界に導かれていきます。これらの美を認識する感性が五感性のもつ心理的な機能です。情動をつかさどる「心の世界」です。

その一方、五感性を超えた六感性とは、具体的にどのような感性なのでしょうか…。

六感性とは、五感性を一束にまとめたものとご理解ください。もとより赤ちゃんは五感でこそ諸々の認識をしていますが、無意識に六感性の学習方法で迅速に習得処理をおこなっているのです。

お茶の世界も、この六感性が豊かに育む領域です。

お香のような幻想的なものを六感で受け止めると、視界を超えた風景がふんわりと心の中に浮かんできます。また私たちは一陣の風に懐かしい郷里を想起させたりもします。この心理作用は五感が一束になり、第六感性が働いている証しでもあります。

この六感性の領域に「精神の世界」が存在しています。

五感の『心の世界』と六感の『精神の世界』とは区別する必要があります。

心の領域は五感がそれぞれに働き合い、喜怒哀楽の感情バランスを保ちながら活動をする、思考領域です。

一方、精神の領域は五感を総合的に活動させ、すべての感情や理性からも離れ、ひたすら純粋に生命観を感応する無我無心の領域です。もちろん五感を鈍化させていれば六感性は機能しません。五感性が眠っていたら、健康的な精神活動は生まれてこないということになります。

この六感性の精神領域は、俗世の影響を受けることもなく、普遍性を備えています。また、この精神の育みは、万人へ平等に与えられた英知の根源です。仏道でいう智恵（慧）の世界はこの境地にあります。新しい自分に出会う扉は、ここに存在しているのです。

真の幸せとは、何ものからも害されず、心の安らぎの中で新しい自分に出会うことなのです。

(1) 若者のフリーズ現象（なぜ人は切れるの？）

私たちは、日常の生活の中で特別に「心」と「精神」を区別することなく、暮らしているように思います。音楽にしても絵画にしても、あらゆる事象を五感領域で堪能しているむきがあります。しかし、心と精神の領域は異なります。

芸術とは、ある意味においては技術です。姿なき「心と精神」を技術の力により具象化したものです。その技術の巧妙さや目新しさに心を踊らせ、本質的な精神世界に出会うことが少なくなってきました。この現代の風潮に、芸術の乾きを感じずにはいられません。

文明技術が、私たち人間の力を超え始めてきているのでしょうか。

高度な情報化時代を迎え、コンピューターの計算能力は目覚ましく進化しています。計算の単位においては兆を超え「京《けい》」にまで達しています。現代のデジタル感覚にアナログ感性の私たちが、どこまで付いていくことができるのでしょうか。技術が人間を対象にする限り、いかなるものにも「限界」は存在します。その前兆でしょうか、近頃ヒューマン・エラー（人的過失）による大事故のニュースが世界を駆け巡っています。

豊かな生活を目的に、素晴らしい文明が数多く開発され社会は栄えてきました。しかし、文明の行き詰まりを感じます。このような時代にこそ、文明を支える豊かな感性の出番があるのではないでしょうか。人道的な「精神文化」が、私たちに救いの手を差し伸べてくれるのです。


たとえば、五つの回答方法をもっている人に、六つの問題を与えるとしましょう。

しかし、五つの力で答を導き出そうとしても、六つの問題は解けません。

その時、答えの出せないその人は、突然フリーズ＝Freezeを起こし動作を停止します。すべての入力を一切受け付けません。このフリーズ状態を「切れる」と呼んでいます。現代社会が抱える大きな問題でもあります。

ところが、この六つの問題は、五つの回答方法を束ねたもう一つの回答方法を加えれば、六つの回答方法を得ることになります。すなわち第六感性で対処すれば、六つの問題は容易に答えを導きだすことが可能となるのです。破滅的に「切れる」ことも起きません。


デジタルは、私たちに高度で多感な「感覚」を与えます。その一方、アナログは豊かで穏やかな「感性」を育てます。現代社会はハードな『感覚人間』が増え続けていますが、その反面、ソフトな『感性人間』が社会から減少しているように思えます。

感性の劣化や鈍化は情緒心を乱します。それにともない「思案力」、つまり思う気持ちを旺盛にさせますが、その一方で大切な「思考力」という、考える力を停滞させる原因にもつながります。「思考」と「思案」とは似て非なるものです。「考える」という行為の先には、必ず答えが待っています。しかし「思う」という道の先には、答えが無く思い煩う悩みだけが待ち受けています。感性の劣化は、考える力を弱める一方、思う力を増幅させ、悩み苦しむ人を増やす結果を招いています。言葉の洪水にまみれて、私たちは考えていると思い違いをしているのかもしれません。その証拠に、答えを出せずに社会が思い悩んでいる姿を多く見かけます。

フランスの哲学者パスカルは「私たちは、水辺に生えている一本の葦《あし》のように、弱い存在です。強い風が吹くと、倒れそうになる弱々しい一本の葦にすぎません。しかし『考える葦』なのです。考えるという力を内に秘めた、強くたくましい姿が私たち人間です」と、語っています。思い悩まずに、しっかりと考えを働かせることが現代社会に望まれています。この思考の原動力が「感性」です。

感性の貧困により大国が滅びる事例は、数多くの史実が伝えています。

現代には、あらためて精神文化の意義と必要性の再考が求められているように思えます。

壮大な自然界の中から、一粒の小さな命を授かり生まれてきた私たちは、尊い生命の営みに感謝の念を忘れてはいけません。そして感謝の意を世に明かしていくことが、現代には必要です。幼児期に体験した、清濁を合わせ飲むような、おおらかな第六感性に再び思いを運び、さまざまな情感に豊かな心を通わせ、不屈の精神を大切にしていかなければなりません。

そして、平和を祈るような心持ちで万人万物に接していくことができれば、宗教宗派の争いごとや、文化文明の摩擦なども起こらない穏やかな世界が広がります。すなわち自然も社会も家庭も、すべてにおいて美しい平和な環境が蘇ります。

次世代への答えは、このような「精神世界」の中から生まれてくるのではないでしょうか。

進化を突き進む文明社会を過信してはいけません。私たちは美という世界語を共有して、真の芸術を創造していかなければなりません。芸術は何も芸術家だけのものではありません。私たち一人ひとりの身近な心の文化の姿です。つまり私たちの文化意識が、この時代には不可欠なのです。

これこそが二十一世紀の求める、輝く未来への歩むべき道ではないかと思います。

アメリカの元国務大臣ヒラリー・クリントンさんは「二〇一五年には、地球上の飲料水が枯渇する危機にある」と、世界の人々に警鐘を鳴らしています。

今、私たちのコップの中に水が半分入っています。それを手に取り「半分しか入っていない」と不服に思われますか。それとも「半分も入っている」と満足して喜ばれますか。

たとえ水が半分であろうとも、恵みへの感謝の念を忘れてはなりません。

不測の事態が起こらなくても、物に対する慈しみは、誠の豊かさをつくりだしてくれるのです。

私たちは豊かな時代だからこそできることがあります。厳しい冬の到来を前にして、時代の行く末を深く考えなければなりません。

人の心に「誠と愛」がある限り、この問題の克服は可能です。

【子どもたちに翼を】

子どもたちが、ピアノで楽譜も持たず、即興的に演奏ができる曲があります。

その題名は「猫ふんじゃった♪」です。

誰にでも楽しく弾けて子どもたちが通るピアノ遊びですが、この曲を楽譜にすると、なんと、フラットが六つの変ト長調のメロディーだと聞かされて驚いたことがあります。おまけに黒鍵まで使い、両手も交差させ実に高度な難曲です。

なぜ、子どもたちが簡単に弾きこなせるのかというと、それには理由がありました。

大人が「あれや、これや」と技術的な指導をしていないことがわかりました。そして子どもたちは、音を楽しみながら自らの体で覚えていたからです。また大人とは違い、子どもたちには上手に弾こう、間違えたら恥ずかしい、などといった邪心がないことも理由です。子どもたちにとっては、音を楽しむ『音楽』でした。一方、大人たちは音を学ぶ『音学』との違いもありました。

小さなことに喜べるのも大きな才能です。無邪気とは、純度の高い第六感性です。幼児の頃は、誰でも天才児だったのです。そして穢れ無き心を守りながら、社会の濁流を無事に乗り越えていった人たちが、世界が誇る巨匠になっていったように思えます。

現代の無邪気さを装った大人の邪気や、芸術を学術化しようとする風潮には、問題があります。あらゆる分野に、世界的な巨匠が生まれてこない理由がここにあるようです。

アメリカン・インディアンには、古くから守られている子どもの教育方法があります。それは、徹底して子どもを褒《ほ》めることだそうです。子どもの成長を喜びに変えることが、インディアン教育の鉄則だということです。

また、現代の脳科学者は、七歳児の子どもに読み書きを教えるよりは、三歳児に教える方がはるかに簡単だと語っています。三歳児には「喜び」と「愛情」と「尊敬の念」をもって教えると、その子の能力は数倍にも高まるそうです。

ありのままの情報を吸収する力は、どうも年齢に反比例しているようです。私たちは彼らから、再び人生を学び直し、新たな自分を見つけて、仲良く隣人と心を紡ぎ合っていくことが求められているようです。

カメとウサギの童話が教えるように人生に競争は無意味です。いま居る場所で貴方らしく花を咲かせれば良いのです。人生において、人と比べる意味がどこにあるのでしょうか。貴方は、世界でたった一人しかいない素敵な貴方であるべきです。人生の中には、自信など存在しません。自信が無い未完成の美しい自分にこそ、尊い人の価値が有るのです。

その昔、平安中期に藤原氏の極盛期を迎えた藤原道長は「望月の　欠けたることの　なしと思えば」と、わが世の春を詠んでいますが、その満月もやがては欠けていくものです。この世のものは、すべて移り変わり、実体は留まりません。おごった「自信」など、もてるはずもないことです。

人生とは、生涯にわたり途上の道とわきまえて、急がず休まずあわてずに楽しく旅を続けていくものです。その場の自信は、その場所をあたかも頂上だと見間違えさせるものです。けして、そこは人生の終着点ではありません。人生の最終章には、自分らしく実直に歩んできた姿を賛美する、晴れやかな花々が迎えてくれます。その真実の花が家族です。

人は生涯、育ち続けるのです…。

(2) 一休さんの遺言（大丈夫だよ）

現代はコンピューターの進化も目覚ましく、私たちの生活には欠かせない便利な情報ツールとなっています。しかし技術発展の裏側には、大きな危うさも潜んでいます。

それは人間の『感性本能』とコンピューターによる『感覚本能』との、不調和による確執が生じていることです。最も大きな問題は、その現象に気付く人が少ないという現実です。

現在、携帯電話やパソコンのＳＮＳ（ソーシャル・ネット・ワーク）による「ネットつながり依存症」におちいる若者が急増しています。二〇一二年、日本大学医学部の調査によると全国中高生のネットによる中毒者は、推定50万人を超えたと報告しています。

二進法のコンピューターは、基本的には「楽しいゲーム」です。人智を超えたスピード感は実に爽快で気分をワクワクさせ、止めることも忘れさせます。私たちの心をすっかり陶酔させる魔性の力をもっています。それが中毒症状の原因です。「歩きスマホ」を見ていてもわかるように、その人の心は完全に奪われている陶酔の状態です。

高度な利便性により、私たちの感覚は鋭敏になりました。しかしその一方では、感性の欠落という大きな代償を払わされています。それは中毒者のオーラの異変で理解のおよぶところです。

二〇一二年五月、米国の調査によると米国内では幼児の半数以上が、タブレット型の携帯端末やスマートホン（高機能携帯電話）に触れているそうです。

技術者の多くは、子どもの学習を助けると期待を寄せていますが、その反面、小児科病院の脳科学者たちは「確かに言葉の知識を身に着けるようだが、多くのアプリは報酬を与えたり、思いがけないタイミングで興奮させたりしている。そのような視覚効果を見せることで、幼児の脳からドーパミン＝Dopamine（神経伝達物質）やアドレナリン＝Adrenaline の前駆体が放出され、トランス＝Trance 状態（錯乱や変性意識状態）を誘発させている」と研究結果を発表し、過度な使用に警告を発しています。

また同様に、各国の心理学者たちも幼児や児童のコンピューターによるメンタル障害の臨床結果を報告しています。さらに深刻な問題は、子どもたちだけではなく成人にも障害事例が顕著になっているという現実です。何とも悲しいことに、気付くことが難しいデジタルの世界なのです。

私は、けして文明を否定する者ではありません。しかし、無防備な幼児たちは、無条件で親から学びを始めているわけです。その点を十分に考慮しなければならないと、強く思っている一人です。

昔、多くの時間を親の顔を見つめながら育った幼児たちが、今は親の顔でなく、パソコンなどに大切な時間を奪われています。この因果がもたらす影響は、計り知れないものがあります。

それは、親の顔の認識が薄れるわけではありません。問題は親の心の温もりが、幼児に定着しきれずに大人になっていくという、愛情欠損の危惧《きぐ》にあります。

やがて、親と幼児心理の発育ギャップに不和が生じ、およそ児童期から思春期には何かしらの姿が出現することになるのでしょう。それを回避するには現在の養育環境の見直しが求められます。幼児の心の救命は、いかなる事情が有りましても、最優先にするべきことです。

植物の世界では稀に自然界のリズムに反して、早く成長をしてしまう品種があります。その理由は、生育環境の異変によるものだと考えられています。それを植物学者は早生《わせ》と呼んでいます。早生とは、本来の時間経過を待たずして植物が突然早く開花し、結実し、成熟するという異変種です。人々はその珍しさに感嘆していますが、早生のその後の物語を知らないようです。

当然、自然のリズムを崩して生育しているので、他種よりも早く枯れていく宿命をたどります。

たとえば寒桜の品種ではないのに、春を待たずに早咲きする桜が時に出現します。その末路は、ご想像の通り「早生早世《わせそうせい》」の因果の道をたどっています。

人間は植物とは違います。しかし自然から生まれた同じ生命体に違いはありません。生命の進化といいましても、数千万年の経年タームを必要としています。突如この世に生まれたコンピューターが、幼児に高度な知能の進化を創造するとは、さすがのダーウィンも異論を説くことでしょう。

急に、大人びた巧みな言語能力の発達が見られたりしたら、それは、何かしらのシグナルと受け止めるべきでしょう。天使のような子どもたちを、危うい環境から守れるのは、親しかいません。どうか今一度、深く温かく距離をもちながら、愛児の発育の姿を観察してみてください。

わが子を他人と比べる必要はありません。他人の情報を信じるのでなく、ただ自らの愛を信じてけして、成長を急ぐ必要はありません。大きくても小さくても、どうでもよいのです。

子育てをすれば良いのです。子育てに教育マニュアルなど存在しません。あるのは愛だけです。愛とは『信じて待つ』ことです。雪が解ければ、やがて見えてくるのです。花は必ず咲くのです。

禅僧の一休さんは最期に一通の遺言書を遺しています。弟子たちへ、もしも困った時に箱を開けなさいとのお告げでした。後に、悩みに明け暮れていた弟子たちが、すがるように封印を解くと、その遺言の内容は『大丈夫だよ、心配するな、なるようになる』という一文でした。

一休さんは、どのような時にも「平常心」で、日々を過ごすようにと教えていたのです。

(3) 性善説の証明（天使に恋をする）

私たち人間は生まれもって善人です。孟子が説くように、人間の本性は「善」なのです。

二〇一三年六月、アメリカの科学誌プロスワンに「十カ月の乳幼児でも、攻撃を受けた被害者に同情的な反応を示す」と、京都大学の研究グループが実験論文を発表しました。

今までは、一歳半以上の幼児に同情的な態度をとることは確認されていましたが、より小さい乳幼児にも確認が得られたとの報告です。

研究グループは、円形と四角形が登場する約二十秒の動画を用意しました。片方の図形を、もう一方が絶えず小突いたり、追い回したりなどの「攻撃」をする様子を、計二十人に一人当たり六回見せたそうです。

その後、実物を示して反応を調べたところ、75％を超える乳幼児が、攻撃を受けたかわいそうな図形を手に取ったとのことです。

また図形同士が接触せず、攻撃する側と受ける側の区別ができない別の動画を、別グループの二十人に見せたところ、選択する図形に差異は無かったそうです。

研究者たちはこの実験をとおして「犠牲者を選択する反応は、動物行動学で同情的な態度と解釈しており、人間は生来的に『善』である可能性を示唆している」と発表しています。

子どもたちには悩みなどありません。無理だという諦めの心もありません。まさに生きる自然の姿そのものです。

子どもは「翼を持たない天使」です。私たちも通ってきた道ですから、豊かな感性を取り戻すことは可能です。感性を高め、大らかな理性と偏らない知性をもち、心に愛情を温めながら新しい時代を生きていきましょう。

振り返って見てください。私たちの後ろを、恋しい天使たちがトポトポと歩いてきています。

(4) 風のささやき（いつも、いつまでも）

新約聖書＝The New Testament（コリント人への第一の手紙）では、「愛」について次のように述べています。

『愛は寛容にして慈悲があり
愛はねたまず、愛は誇らず、愛は高ぶらず
そして非礼を行わず、おのれの利を求めずに
いきどおらず、人の悪をけして思わず
不義を喜ばずして、真の喜ぶところを喜び
おおよそ事を忍び、おおよそ事を信じ
おおよそ事を望み、おおよそ事を耐うるなり
愛は、いつまでも絶えることなし』

そして、この節はさらに教えを続けています。

『しかし、私の愛の預言はやがてすたれ、愛の言葉は病み、知識も消え薄れるでしょう。

なぜならば、私たちの知る愛は一部であり、預言するところも一部に過ぎません。

私たちが幼な子であった時には、幼な子らしく愛を語り、幼な子らしく愛を感じ、また幼な子らしく愛を考えていました。

ところが、大人となった今は幼な子らしい事を、私たちは捨ててしまいました。

だから、私たちの知るところの愛は、今は一部分に過ぎないのです。

しかし、このことに気付いた時には、完全なる愛を知ることでしょう』。


私たちは、童心の頃を思い出せば理解ができる愛の本質です。人生を振り返れば、懐かしい真の愛を思い出せると信じています。誰もが通ってきた道ですから…。


また、仏教開祖のお釈迦さまは、人々の苦悩からの解脱の道を説いています。

その教えとは、ただ一念です。それが「慈悲」の心です。

「慈」とは、励ましの愛です。「悲」とは、いたわりの愛です。

慈しみ、あわれむ美しい心を智恵とする愛の道を、お釈迦さまは教えています。

すなわち、聖書も仏典の教えも、同じく愛の求道を説いているのです。

いかなる宗教も、求めているものは同じ世界です。

そして、お茶の道は悠久の昔から、人々の心の琴線《きんせん》に「愛」と「美」を届け続けています。

この世で最も大いなるものは「愛」です。

心に愛を絶やさずに、明るい未来に向かいましょう。

その未来の答えをもっている者は、私たちのかけがえのない「子どもたち」です。

聖女マザー・テレサは『私たちは偉大な事はできません。ですから偉大な愛で、小さな事を少しずつしていくのです』と、今も私たちに語り続けています。

さて明日の貴方には、どのような素敵な出会いが待っているのでしょうか。


貴方が、いつもいつまでも、やさしい風に包まれていますように…。

ありがとうございました。

おわりに

情報化の時代を迎える現代に、私たちが利便性の名のもとで手放してきた、美しい日本文化に再び心を寄せて、夢のある明日を創り出してほしいという思いで、温故知新をテーマに本書をまとめてみました。

世の移ろいに伝統文化の色あせる感がぬぐえません。執筆にあたり茶道宗家に伝わる秘伝書などを参考に、お茶の話を述べさせていただきました。

貴方にはお茶の本道をよすがとして、真の日本文化の素顔をご承知いただければ幸いです。

【参考資料】

① **古典奥秘**

孝明天皇献上書　千宗室筆　印判（著者所蔵）

② **利休居士　茶之湯口傳**

裏千家・家傳秘要抄書抜・精中宗室玄々齋自筆　在判（著者所蔵）

③ **奥拾貳段　傳法**

茶家備忘録・玄々齋筆　在判（著者所蔵）

④ **昭和北野大茶湯（記録・図録）**

北野大茶湯三百五十年記念大獻茶會（全各一冊）発行（著者所蔵）

⑤ **昭和天皇詔書**

裕仁天皇・第二次世界大戦終結宣言詔書（著者所蔵）

もしも、心の灯火が消えそうになったなら、そっと本書をお開きください。
さわやかな希望の風が訪れるはずです…。

そして、もうすぐ春が巡ってきます。

著　者

■著者の紹介

大下 克己（おおした・かつみ）Katsumi Ooshita
1952（昭和27）年、東京に生まれる。

■ デザイン関連

●海外：モナコ王室·カルティエJ·アメリカRM社などのグラフィックスデザイン制作。
●国内：松下電器産業・トヨタ自動車・シャープ・味の素・横浜市芸術文化振興財団・横浜開国博・紀伊國屋書店などの企画デザイン制作・ルセーヌ商標登録取得。

■ 文化関連

'84オーストラリア大使館と文化交流を主催・'92中華人民共和国後援「現代中国・神話と伝説の旅」絵画展を主催・'95世界GIIジュニア地球サミットパネリスト・東京都町田市長委嘱「街づくり」委員・茶道玉翠流五代目継承・玉翠斎襲名・道号宗克。

■ 教育関連

日本大学幼稚園・尾山台ナザレン幼稚園・町田デザイン専門学校・高崎芸術短期大学にて心理カウンセラー・デザイン学科講師・茶道学顧問・終身師範として教職に従事。

■ 講演関連

日本青年会議所（演題：裸の王様）·東京都目白庭園（演題：茶道の陰陽五行説）・ホテルオークラ（演題：モナコ王室御用達デザイン）他。

■ 執筆関連

天皇、皇后両陛下の随行記録『行幸誌』・皇太子、同妃両殿下の随行記録『行啓誌』・オーストラリア政府文化財団後援『あしたの風』·草柳大蔵『お茶の心』·塩澤大定（京都南禅寺管長）『暗路を照らす』·吉田茂穂（鎌倉鶴岡八幡宮宮司）『厳しき中の求道』・大雄山最乗寺『慧春尼様』·有馬頼底（金閣寺・銀閣寺管長）『宗匠の心をいつまでも』・小泉純一郎（元首相）『保守したくば革新せよ』·堺屋太一『日本の明日を歴史に見る』・兼高かおる『世界の人形』·アグネス、チャン共著『風水』などを執筆。

『あしたの風』

■ 後援：オーストラリア政府　文化財団豪日交流基金（1995）

The Australia-Japan Foundation

Established by the Australian Government

AUSTRALIAN EMBASSY CHANCERY, 2-1-14 MITA, MINATO-KU, TOKYO, 108 JAPAN
PHONE: (03)5232-4063 FAX (03)5232-4064 LIBRARY (03)5232-4005 FAX (03)5232-4655

１９９５年8月１6日

大下克己様

「あしたの風」...温故知新の後援名義の件

上掲に関する８月１０日付けの貴信拝見いたしました。

豪日交流基金は、日本とオーストラリアの人と人の交流を通じて相互の理解を促進し、また、両国の文化および国民性をお互いに熟知することを目的としています。

「あしたの風」は、日本の文化をオーストラリアの人々に知ってもらうためにすばらしい媒体になると考えます。したがって、「豪日交流基金」の名義を後援機関としてご使用いただくこと、異存ありません。

本が広く多くの人々に読まれ、その目的を達せられますようお祈りいたします。

豪日交流基金本部

事務局長　ロバート・ガムリ

オーストラリア政府文化財団 **豪日交流基金** 本部事務局　〒108 東京都港区三田2-1-14オーストラリア大使館ビル
電話（03)5232-4063 ファクシミリ（03)5232-4064 図書館直通電話（03)5232-4005 ファクシミリ（03)5232-4655

あしたの風

発　行　日　2015年2月23日　初版発行

著　　　者　大下 克己
編集／撮影　ルセーヌ デザイン事務所　大下 美紀
発行／発売　創英社／三省堂書店
東京都千代田区神田神保町1－1
Tel：03-3291-2295　Fax：03-3292-7687
印刷／製本　日本印刷株式会社

ISBN978-4-88142-892-4 C0095